suncolor

suncolor

神級老師教你10倍速學習

世界史和地理

讀懂44個全球氣候、產業和地緣政經事件

山崎圭一／著　蕭辰倢／譯

suncolor 三采文化

前言

同時學好世界史與地理的速效學習法！

跨科雙觀點，切入剖析

「為何法國能成為長期稱霸歐洲的大國？」

從中世紀到近代，法國向來都是歐洲歷史上的主導角色。諸如在十七世紀為擴張領土而發動戰爭的「太陽王」路易十四，以及在法國大革命後登基為帝，主宰整塊歐洲大陸的拿破崙——相信不少人對這些曾在高中世界史中登場的名號都相當耳熟能詳。

本文開頭所提出的問題，自然可以從歷史觀點求出解答，但若試著**從「地形」這個地理觀點來切入，其實還可以得出另一種答案**。

法國巴黎的外圍，是由「單面山」這種緩陡坡交錯分布的獨特地形所構成。法國將單面山地形裡的緩坡用來生產小麥，陡坡則用於生產葡萄，形塑出農業國家的地貌。

除此之外，單面山地形也曾扮演固若金湯的防線，為法國擋下他國的攻擊。直到第二次世界大戰時，德國軍機才讓單面山地形無法發揮它的防禦功能。

因此，**本書將挑選與世界史及地理都深具關連或有交集的事件，從雙邊觀點切入解讀。**

轉換視角，學習更深入

翻閱本書的讀者之中，相信很少人曾在學生時期就將世界史、日本史、地理這三個科目完整學過一遍。

我身為一名歷史地理科教師，認為這件事情相當可惜。畢竟世界史、日本史和地理雖然趣味各異，但彼此息息相關。

其實不限於歷史科目，在研讀一門學科時，若能從多元觀點而非單一角度切入認識，學習效果都將更加深入。

目前我在高中教授歷史和地理科目，並持續在 YouTube 上發布世界史、日本史和地理的課程影片。而我出版的「瞄過一眼就忘不了」的系列書中，同樣囊括這三個主題。

教育現場雖有為數眾多的歷史、地理科老師，但鮮少有人針對世界史、日本史和地理這三個領域全數撰書。

本書稍具挑戰性，期待藉由貫通世界史和地理這兩門科目，讓在學生時期只學過世界史或地理的人，有機會對其他學科萌生興趣。

山崎圭一

目次

第1章 歐洲

第2章 南北美洲

第3章 中國、印度、東南亞

第4章　非洲、西亞、大洋洲

第5章　從世界史地看世界遺產

第1章

歐洲

Number
01
古代
為何環地中海地區盡是大理石遺跡？

世界史關鍵字
帕德嫩神廟、羅馬競技場、米洛的維納斯像、大衛像、大理

地理關鍵字
大陸漂移學說、盤古大陸、特提斯海、喜馬拉雅山脈、紅土、塔狀喀斯特

地中海沿岸皆是大理石

帕德嫩神廟、**羅馬競技場**、**米洛的維納斯像**、**大衛像**——高中世界史中登場的古希臘、羅馬和文藝復興文化，都會介紹到許多由大理石打造而成的歷史遺跡。

大理石別稱「結晶石灰岩」，是石灰岩的一種。遠古時代的珊瑚、貝殼沉積成岩石，在承受岩漿等熱源和壓力後重新結晶，就會變成大理石。

有大量珊瑚和貝殼的地點，自然就是海洋了。不僅如此，還得是溫暖的海洋才行。**珊瑚礁能夠生長的溫暖海洋**，**正是孕育大理石的搖籃**。

不過，今日的地中海並不是足以形成大規模珊瑚礁的溫暖海洋，緯度甚至還跟日本的東北地區差不多高。

言下之意，難道說過去的地中海曾是一片溫暖的南方海洋嗎？

昔日的地中海名為「特提斯海」

我們在高中地理課會學到「**大陸漂移學說**」，這個學說指出「大陸板塊會花漫長的時間在地表上移動」。

在距今約兩億五千萬年前的遙遠過去，大陸板塊在移動過程中形成了**盤古大陸**。並在約一億八千萬年前，分裂成了**勞亞大陸**和**岡瓦那大陸**，兩塊大陸之間所形成的海洋，就是人稱古地中海的**特提斯海**。

特提斯海極其遼闊，從現今的環地中海一帶延伸至中亞、喜馬拉雅至中國南部，以至於東南亞。

在這裡需要畫個重點：當時的**特提斯海是綿延於赤道之上**。在特提斯海沿岸的淺海中，想必有利於珊瑚礁生長。

根據大陸漂移學說，非洲大陸和歐亞大陸經過移動後，就像阻斷特提斯海那般彼此相連。

接著，印度從岡瓦那大陸分裂出來，橫切過特提斯海，撞上了歐亞大陸。這一次碰撞所產生的大褶皺，就是**喜馬拉雅山脈**。

中東產石油也是因為特提斯海

接著，我們由西向東追尋特提斯海所留下的蛛絲馬跡。

過去曾是溫暖海洋的古地中海，塑造出歐洲的地中海沿岸，在那裡產生了為數眾多的大理石。環地中海地區之所以會出現大量的大理石歷史遺跡，也是出於這個原因。

此外，在義大利和西班牙都分布著名為「**紅土**」（Terra Rossa）的紅色土壤。紅土是石灰岩風化後所形成的土壤，由紅土與大理石建築物所建構出的地中海沿岸風光，正是遠古特提斯海的遺緒。

讓我們再將目光向東移，來到現今的中東、沙烏地阿拉伯、伊拉克與伊朗等處，也就是人稱的中東地區。

在中東地區，尤其是波斯灣沿岸可以開採豐富的石油。石油是由遠古海底的浮游生物等生物死屍經年累月所累積形成，這裡所說的「**遠古海底**」，其實就是**特提斯海的海底**。

在營養豐富的溫暖海洋裡頭，想必曾有大量的浮游生物等海洋生物生長其中。

大理石一詞，來自中國南部

讓我們將目光移往印度，那裡有人稱「世界屋脊」的喜馬拉雅山脈。喜馬拉雅山脈是印度碰撞歐亞大陸後產生的山脈，當時的特提斯海海底因而大幅隆起。

證據就是：**喜馬拉雅山脈最頂部是由石灰岩所構成，在聖母峰山頂附近也有發現海洋生物的化石**。

過往特提斯海曾經延伸到中國南部和東南亞，這些地區也都找得到特提斯海的痕跡。

中國雲南省有個叫「大理」的城市。大理從前是個名為**大理國**的國家，跟中國的宋朝也有往來。**在大理產出的石材，即是大理石**。

在更東側，則有名列世界遺產的桂林地貌。該處的石灰岩地層受到雨水侵蝕，溶解所剩的部分如高塔般聳立，稱為**塔狀喀斯特**地形。

越南北部的下龍灣亦屬於塔狀喀斯特沉入海洋的地形，不計其數的石灰岩島嶼形塑出鬼斧神工的美景，同樣名列世界遺產。

石灰岩帶連結歐亞大陸的東西方

綜上所述，地表上有著由昔日特提斯海所形成，可稱為石灰岩帶的地區。

希臘和羅馬的美麗雕像和建築都冠上了中國南部國家之名，稱為大理石。正是因為石灰岩帶連接起了東西方所產生的命名，相當耐人尋味。

大陸漂移學說與現今的「石灰岩帶」

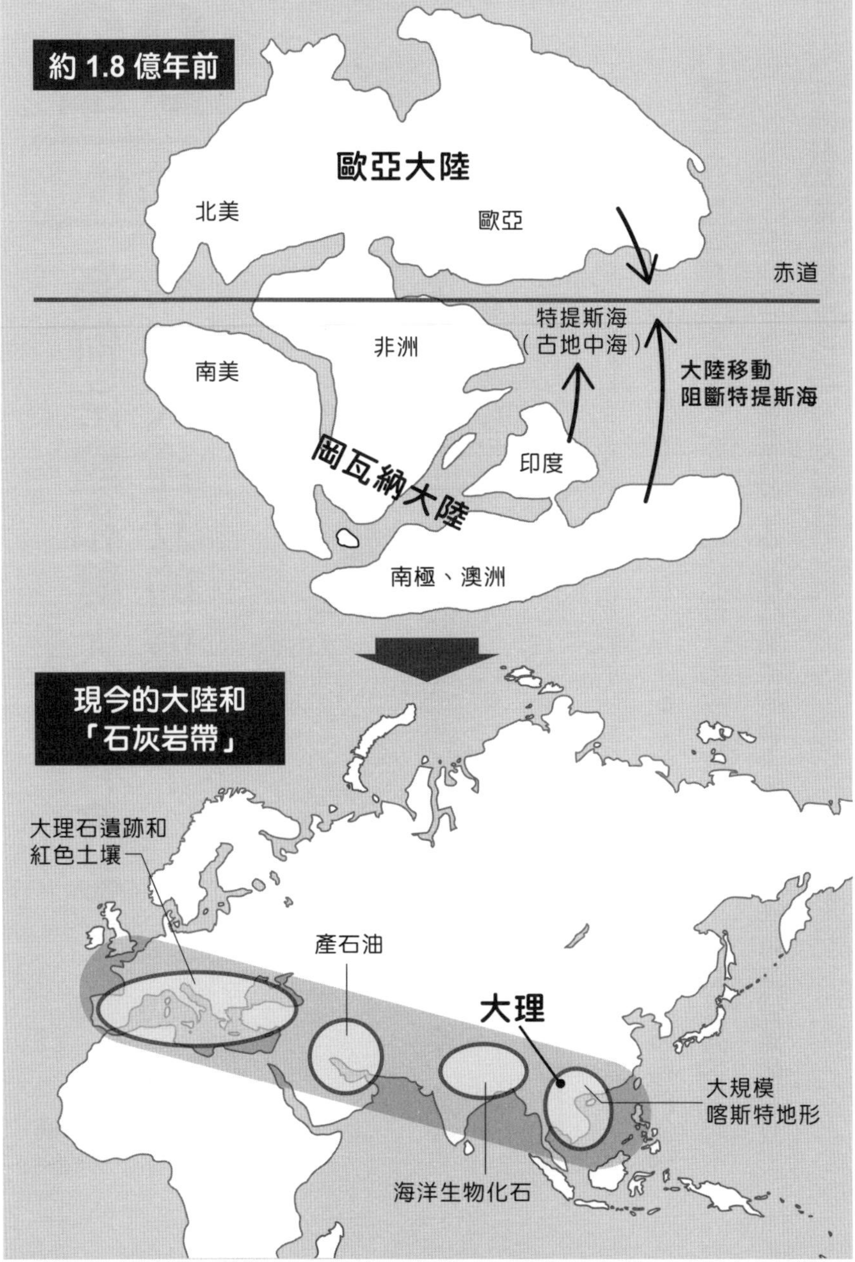

Number

02

古代

為何法國和義大利有許多希臘人建立的城市？

世界史關鍵字

殖民城市、城邦

地理關鍵字

地中海型氣候、副熱帶高壓帶、蔚藍海岸

地中海沿岸遍布觀光勝地

前往地中海沿岸國家旅行時，最棒的醍醐味就是欣賞各種大理石神殿、遺跡和美麗雕像。

為什麼人們喜歡到地中海沿岸度假呢？前面提過的帕德嫩神廟、羅馬競技場等絕美大理石歷史遺跡自然也是一因，不過我們也能從氣候角度窺知個中緣由。

答案是——地中海型氣候其實相當罕見，而且是**唯一以夏季少雨為特徵的氣候類型**。其他氣候類型不論位於哪個氣候帶，大致上都是夏季多雨（氣溫高容易產生上升氣流，且地表水分容易蒸發，因此空氣中飽含水蒸氣），**地中海型氣候**在夏季則因**副熱帶高壓帶**接近而容易乾燥。

難得的夏季假期，當然希望能在好天氣中享受，因此人們才會選擇前往地中海沿岸。

我們在高中地理課會學到跟觀光有關的主題。只要觀察歐洲各國的觀光收支，就會發現**德英等位於歐洲偏北位置的國家，觀光收支呈負數；地中海沿岸國家則呈正數**。

歐洲各國在夏季常有長假，因連假而日進斗金的地區，正是地中海沿岸國家。在地中海沿岸的觀光勝地當中，又以拿坡里等南義地帶、法義邊界附近的小國摩納哥、法國南部尼斯等所謂的「**蔚藍海岸**」、馬賽等處尤其受到歡迎。

另外，因西西里檸檬等產物名聞遐邇的西西里島等地，也都是風光明媚的觀光勝地。其實，上面列舉的這些城市，全都**源自希臘人所建造的殖民城市**。

不僅如此，希臘人建立的城市廣泛分布於從西班牙至俄羅斯黑海沿岸的遼闊地域之上，大多數都成為了觀光勝地。

希臘人建造殖民城市的原因

希臘人之所以會在地中海沿岸建立大量的殖民城市，可從希臘的地形和氣候一窺堂奧。

現今希臘共和國所在地區是一片多山的石灰岩土地，夏季少雨，且不利於務農生產穀物。

因此，希臘的人口便集中於狹窄的土地之上，形成**城邦**。當城邦人口增加，養不了那麼多人，就必須向外尋求土地，建造可供移居的殖民城市。隨著希臘繁榮發展，人口越見增長，殖民城市也就逐步增加。

這些殖民城市至今都還保留著源自希臘語的稱呼。尼斯（勝利女神尼姬）、塔蘭托（泰利斯）等稱號來自希臘，而那不勒斯（拿坡里，意為新都市）、摩納哥（意為絕無僅有的）、敘拉古（意為濕地）等，也都是來自希臘語的代表性地名。

這些殖民城市串連成貿易網路，使地中海的產物得以匯聚至希臘，帶來了進一步的繁榮昌盛。

有大批觀光客的港都共通點

這些出於希臘人之手的城市，都有一個特色——它們**都被小山丘包圍，將城市建造於較狹小的範圍之內**。

我們都會覺得既然要住人，自然是遼闊的土地會比較好，但在山巒幾乎就要入海的窄地，卻往往有人口密集居住的城市。

這項特色跟希臘重視海上貿易有關，山巒逼近海洋，具高低差的土地**方便停靠船隻，便成了天然的港口**。另一方面，若選擇將港口建造在平原上，必須深挖淺水海岸才能停靠船隻。

日本的神戶、長崎這些被視為「良港」的城市，背倚山地丘陵，乍看之下因多坡道而相當不便，但在山海間的狹窄平原或坡地部分，卻居住著密集的人口。就觀光角度而言，從山上可以俯瞰壯麗的景色（在現代還能欣賞漂亮的夜景），其實更能捉住觀光客的心。

希臘人和地中海型氣候

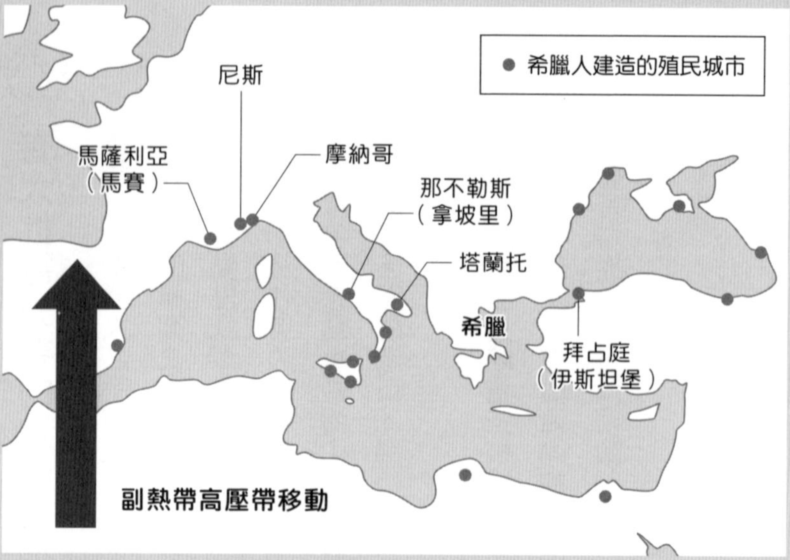

北半球的夏天：太陽直射北半球

↓

副熱帶高壓帶北移，

形成夏季少雨的氣候（地中海型氣候）。

○ **坡地**

船隻可靠岸

景致亦佳

✕ **淺水海岸**

船隻

無法靠岸

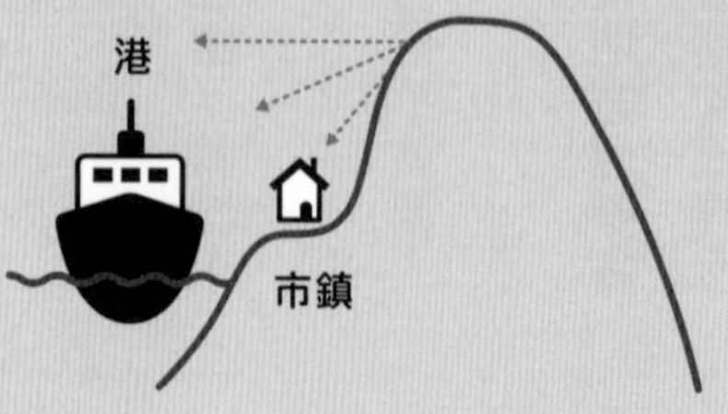

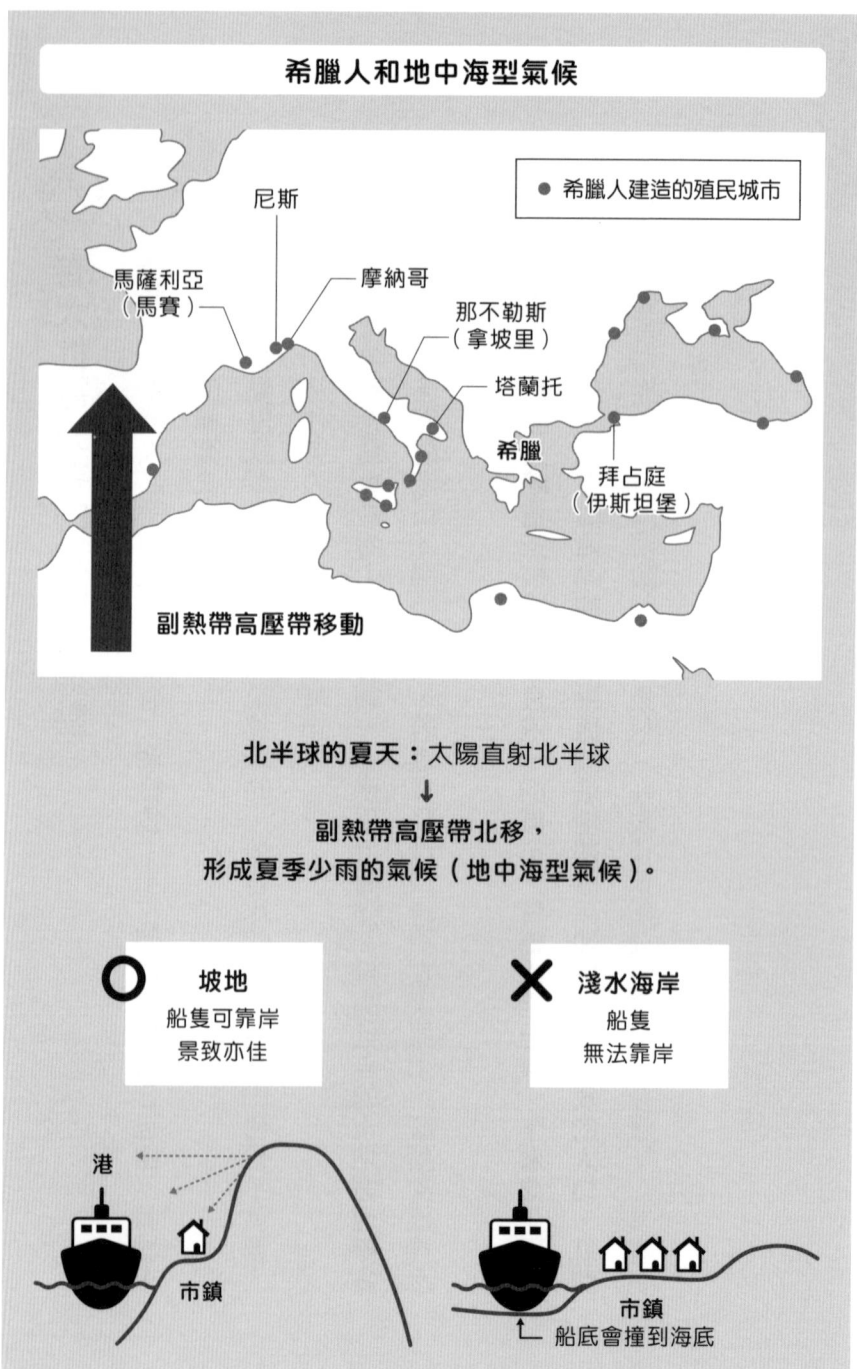

Number
03
古代
最強羅馬帝國的唯一弱點：兩河間隙

世界史關鍵字
羅馬帝國、圖拉真、維也納、布達佩斯

地理關鍵字
萊茵河、多瑙河、國際河流、美茵—多瑙運河

兩條大河成為羅馬的防線

正如「羅馬不是一天造成的」一語所述，羅馬城邦在義大利半島崛起，花費漫長時光擴張統治版圖後，發展成了幾乎統治著整個西歐的巨大帝國。羅馬頻繁發起征服行動，同時也在領地上大興土木，建造道路、下水道等設施以鞏固統治基礎。

不過，在「五賢帝」之一——皇帝**圖拉真**為羅馬帝國造就最大疆域之後，羅馬帝國的擴張達到極限，其後便為防守國界忙得不可開交。

至於羅馬帝國國界上最為重要的地點，便非**萊茵河**與**多瑙河**這兩條大河莫屬。羅馬人為了防範日耳曼人等外族渡河入侵，在這兩條河川沿岸建造了許多前線基地。

德國城市科隆、奧地利首都維也納和匈牙利首都布達佩斯，都是由羅馬前線基地發展出來的城市。

羅馬的軟肋在兩河間隙

雖說多瑙河與萊茵河（包含支流）是羅馬的國界，這兩條河川在上游卻沒有相連。**這兩條河川的間隙，成了羅馬易遭異族入侵的弱點。**

因此，**羅馬決定打造連接兩條河川的陸地防線**。他們建造如萬里長城般高約三公尺的界牆，並配置了瞭望塔和堡壘，這條防線稱為「羅馬界牆」（Limes），據說總長度達五百五十公里。

羅馬界牆的遺跡成為羅馬帝國的國界，如今已經列入世界遺產。

串連大河的七十年大工程

今日的萊茵河與多瑙河已是**國際河川**，扮演著歐洲河川運輸的大幹線。

從羅馬前線基地發展出的大城市原就連成一排，這兩河儼然成為直接串連起大城市的重要交通路徑。既然如此，有人認為「把兩條河川連起來應該更方便」，也就沒什麼好意外的了。這條想像中的交通路徑除了連接大城市之外，應該還要能讓船隻從北海一路移動至黑海才是。

串連兩河的想法自古即有，卻直到一九二一年才實際動工。由於接連遭逢兩次世界大戰和冷戰，連接起萊茵河支流美茵河與多瑙河的「**美茵—多瑙運河**」直到一九九二年才終於竣工。

從那之後，**黑海與北海互連互通，東歐的物資終於能夠不經海域就運送至西歐了**。過去的羅馬界牆曾是阻隔東西方的壁壘，如今卻反而令歐盟各地彼此相連。

羅馬帝國防線

羅馬帝國的最大疆域與羅馬界牆

現代的美茵－多瑙運河

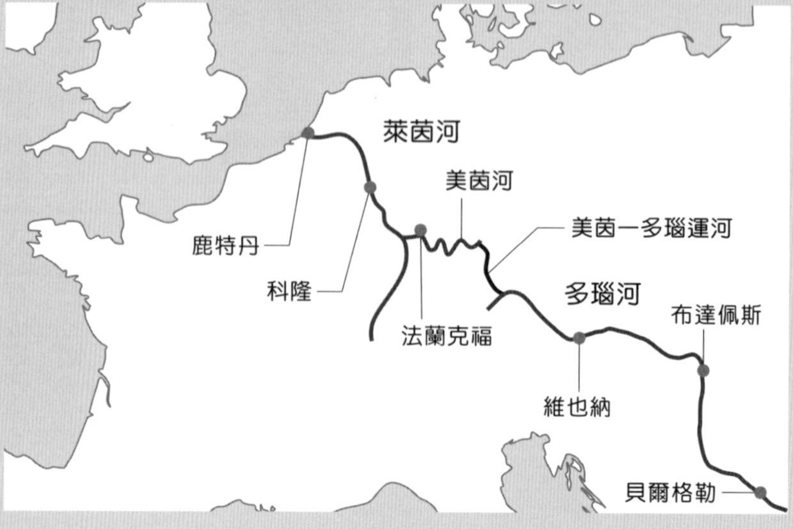

Number
04
古代

為何羅馬尼亞會自稱「羅馬帝國」？

世界史關鍵字
羅馬帝國、圖拉真、達基亞人

地理關鍵字
羅馬尼亞、斯拉夫語系、拉丁語系

以「羅馬」為名的東歐國家

東歐國家**羅馬尼亞**以德古拉吸血鬼傳說，以及冷戰時期行獨裁統治的尼古拉・西奧塞古總統等為人所知。

將羅馬尼亞的國名寫成英文即是「Romania」，這裡頭的「Roma」指的就是**羅馬帝國**。

在羅馬尼亞國歌的第二段，就有以下的歌詞：「現在就讓我們向世界證明／我們仍然流著羅馬人的血／我們心中刻著自豪的名字／戰爭英雄圖拉真」。

羅馬是位於義大利半島的城市，羅馬帝國也是從義大利向外擴張而成的國家。

為何東歐的羅馬尼亞，會以十萬八千里外的「羅馬」自稱呢？

皇帝圖拉真為羅馬帝國創造極盛版圖

要解開這個疑問，關鍵就在羅馬尼亞國歌中出現的**圖拉真**。圖拉真是**羅馬帝國「五賢帝」之一，他因為征戰羅馬尼亞，將羅馬帝國的疆域擴張到極限**。

羅馬帝國有兩條天然防線：萊茵河與多瑙河。對羅馬帝國而言，羅馬尼亞位於多瑙河對岸的地區，住在該處的達基亞王經常率領**達基亞人**，入侵羅馬領地。**多瑙河流域是羅馬帝國的要害之地**。就羅馬帝國的角度，若達基亞人突破了多瑙河的防線，就能一路抵達亞得里亞海，對義大利半島造成威脅。若讓達基亞人抵達亞得里亞海，羅馬帝國很可能分裂成東西兩半。

於是，圖拉真決定發動大規模遠征，拿下多瑙河對岸的達基亞。他最終順利完成征討，意氣風發地凱旋回到羅馬。

在羅馬其中一個著名景點「圖拉真柱」的上頭，正是描繪圖拉真遠征達基亞的情景。

逐漸「羅馬化」的達基亞

以這個時期為分水嶺，羅馬帝國開始促使達基亞「羅馬化」。

首先，讓大批羅馬人移居至帝國的防禦要地達基亞，推行與本國同化的政策，企圖將達基亞強化成防守羅馬的最前線。

接著，許多羅馬人遷居該地，達基亞的語言和文化都與羅馬融為一體。如其國歌所歌頌的，他們流著羅馬人的血，在語言、文化方面都留有羅馬的濃厚色彩，冠上「羅馬」之名的「羅馬尼亞」於焉誕生。

觀察現今歐洲的語言分布亦會發現，羅馬尼亞周圍盡是講著**斯拉夫語系**、烏拉語系的國家。**唯獨跟義大利、西班牙同樣有羅馬帝國源流的羅馬尼亞地區所使用的羅馬尼亞語，是屬於「有些遙遠」的拉丁語系**。

民族同化政策

對羅馬尼亞而言，羅馬帝國是個具有榮耀的淵源。但也**有看法認為，這不過是**

民族同化罷了。

將自家國民遷居至占領地，強迫當地人民接受外族的語言和文化，在歷史上已經形成一種反覆出現的模式，經常釀成慘烈的悲劇。

在達基亞人民當中，應該也曾有人不願與羅馬帝國同化，甚至奮起抵抗。我們所熟知的教科書歷史背後，必定也還存在著許多沒被寫出的歷史才是。

羅馬帝國最大疆域與羅馬尼亞

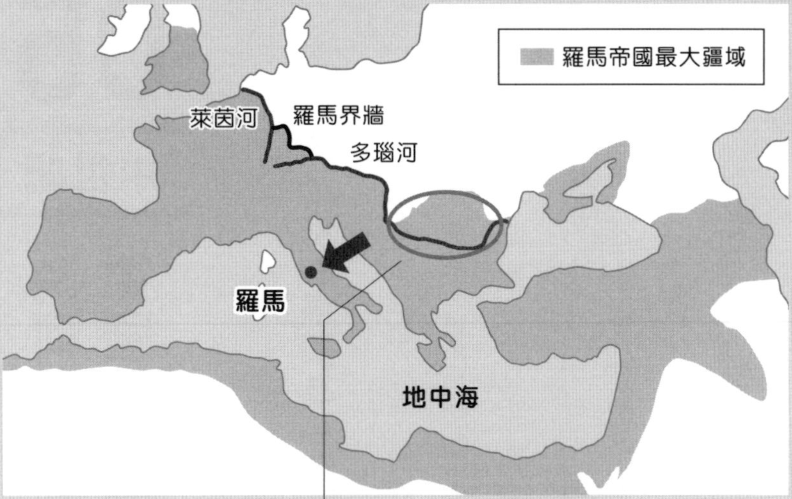

羅馬帝國的要害：達基亞
若達基亞抵達亞得里亞海，義大利半島就會暴露於危機中。
➜圖拉真皇帝出兵攻克。

歐洲語言分布

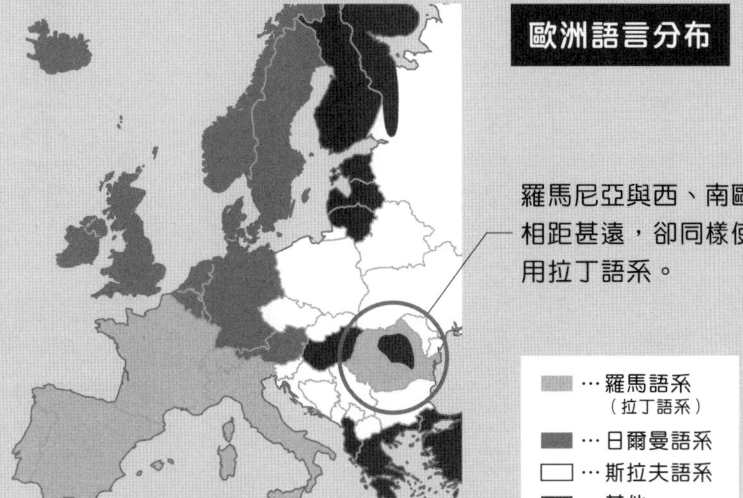

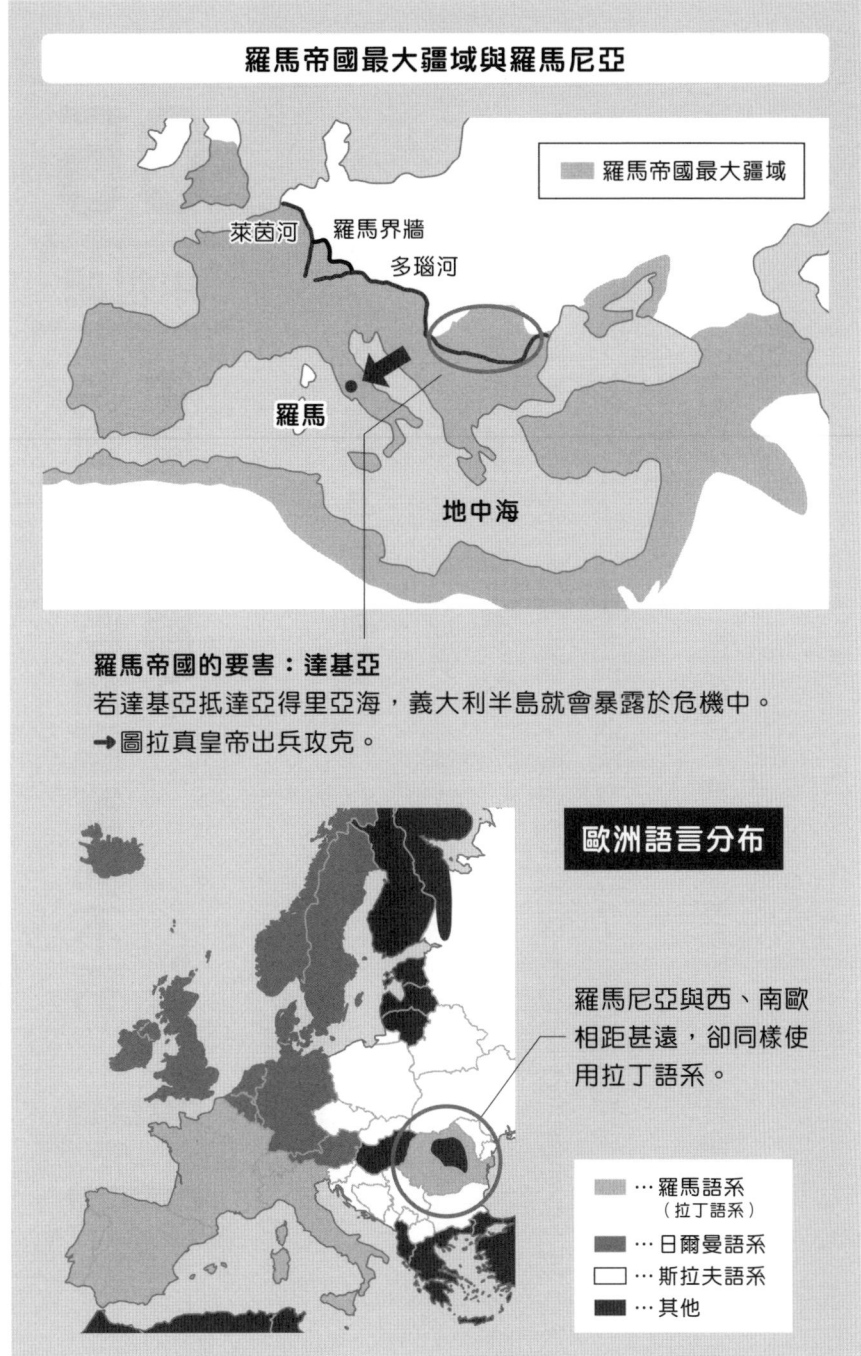

Number

05

中世紀

為何許多歐洲國家都不稱德國為德國？

世界史關鍵字

日耳曼人、羅馬帝國

地理關鍵字

日爾曼語族、拉丁語族、斯拉夫語族

法語中的德國為「阿勒曼尼」

我先前到歐洲旅行時，曾經碰到一件事。當時我打算從法國跨越邊界前往德國，就在法國某城鎮預約法蘭克福的飯店。

我將連鎖飯店的介紹手冊翻來翻去，原本以為德國會寫成「Deutschland」或「German」，卻完全找不到德國相關資訊的頁面。過了一會兒，我在手冊前面幾頁找到了「Allemagne」的字眼。

我打算隔天入住位於法蘭克福的飯店，就寫在「Allemagne」的頁面上。我才第一次發現，原來法語稱德國為「阿勒曼尼」。

某些國家的自稱跟他稱不相同

在日本，我們會自稱「Nippon」或「Nihon」，而不是「Japan」。同樣地，匈牙利人會稱自己國家為「Magyarok」（馬扎爾），芬蘭人則自稱「Suomi」（蘇歐米），他們不太會說「匈牙利」或「芬蘭」。

這樣的例子雖然不勝枚舉，但**像德國這樣被他國以不同方式稱呼的國家，算是絕無僅有**。

法國和西班牙等國稱德國為「Allemagne」（阿勒曼尼）或「Alemania」（阿勒曼尼亞），英語和義大利語稱「German」（日耳曼），芬蘭則稱德國為「Saksa」（薩克薩）。

此外，波蘭等東歐國家則使用與「Němci」（涅米契）相近的發音與詞彙來稱呼德國。

德語中的德國是「Deutschland」

德國在德語中是「Deutschland」（德意志）。據說德意志一詞來自羅馬古語中的「Tiutish」，意為「不像羅馬的人」。這是因為最初形成德國的日耳曼人，是來自羅馬帝國的疆界之外，因此**自稱「非羅馬」**。

時至今日，此詞已經喪失了原本「不像羅馬」的涵義，而被用來表現「我們的國家」。

羅馬帝國眼中的英國和義大利

另一方面，羅馬以前會稱呼日耳曼人的居住地為「Germania」。受此影響，曾經是羅馬帝國核心地帶的義大利，如今也還是稱德國為「Germania」。至於曾被羅馬帝國統治的英國，亦稱德國為「German」。簡單說來，他們至今仍將德國稱為「日耳曼人」。

義大利人在指「德國這個國家」時會使用「Germania」，但提到「德國人」、

「德國的」則會說成「Tedesco」。「Tedesco」意為「民眾的」，指德國人所說的語言與拉丁語不同，屬於「大眾的語言」。

法國與德國以日耳曼人的「分類」相稱

法語中稱德國為「Allemagne」，此一名詞源自於**日耳曼人的其中一支，阿勒曼尼人**。

阿勒曼尼人是一個日耳曼部族，居住地相當於今日瑞士北部的蘇黎世至德國西南部的曼海姆一帶，正好是目前法國和德國的邊界附近。另一方面，德國則稱法國為「Frankreich」，如同字面是指「法蘭克族的國家」。

法國與德國邊境相接，兩國間有漫長的戰爭歷史。雙方的國界頻繁變動，鄰近國界的地區，因而常被納為彼此的領地。

在這段歷史之中，法國和德國並未使用「日耳曼人」這個大分類，而選擇了「阿勒曼尼人」和「法蘭克人」這些從中世紀流傳下來，屬於日耳曼人底下更細一層的分類來稱呼彼此。我想這也**部分顯示出兩國長期紛擾的不和歷史**。

北歐和東歐對德國的稱呼

距離再更遠的挪威、丹麥和瑞典會以「Tyskland」來表現德國，這跟德語中的「Deutschland」語源相近。

芬蘭語詞彙「Saksa」，源自位於德國北部的「撒克遜人」。另外，東歐國家會稱德國為「Němci」等，其意涵來自「無法交談的一群人」。

這指的是他們自身所使用的斯拉夫語系語言，跟德國人民所說的日耳曼系語言系統相差甚遠。地處更加遙遠的俄羅斯則稱德國為「Germaniya」。

為何德國會有各種不同的稱呼？

德國周圍的國家之所以會用如此多元的詞彙來稱呼德國，有兩個原因。其一，**德國位處日爾曼語族、拉丁語族和斯拉夫語族三者的交界位置，人們會用形形色色的語言來指稱德國**。其二則是，德國長年屬於所謂「神聖羅馬帝國」這個未經統一的諸侯聯盟，直到一八七一年德國統一為止，德國這個概念都還很薄弱。

變化多端的德國稱號

德國有多種名稱的原因

①位於語言交界地帶

在日爾曼語族、拉丁語族和斯拉夫語族等各地區，都存在不同的稱呼。

②直到近代才萌芽「德國」這個概念

曾是諸侯聯盟的「神聖羅馬帝國」歷史悠長，直到十九世紀中葉為止，連德國這個國名都尚未出現。

Number

06

近世

達伽馬航行中不為人知的真相

世界史關鍵字

大貿易時代、瓦斯科．達伽馬、哥倫布、麥哲倫

地理關鍵字

麥哲倫海峽、季風（monsoon）

地理大發現時代的航行嚴苛

高中世界史會學到，地理大發現時代的眾航海家將全球連成一體，加速了**大貿易時代**的到來。

其中**瓦斯科．達伽馬**因為繞過非洲抵達印度，所以會和**哥倫布**、**麥哲倫**放在一起介紹，堪稱成功人士。

當時的航行條件無比嚴苛，哥倫布出航時原有三艘船載著九十人，抵達時卻只剩下一艘船，船員亦減少至四十人。達伽馬出發時原有四艘船一百七十人，抵達時只剩兩艘船五十五人。麥哲倫出發時原有五艘船兩百六十五人，回國時卻只剩一艘船十八人。由此可見，能夠安全返航的人其實寥寥無幾。

達伽馬的偉大在於，連結已知海域

哥倫布、麥哲倫及達伽馬這三人都喪失了大量的船員。不過，他們三位的航行性質其實大不相同——**哥倫布和麥哲倫是航向未知海域，達伽馬則是朝著所謂已知海域前進**。

哥倫布挑戰了當時人們認為存在著世界盡頭的西進航線，一邊安撫惶惶不安的下屬，設法抵達了新大陸附近的聖薩爾瓦多島。

麥哲倫則是發現了南美大陸南端的**麥哲倫海峽**，費了一番功夫橫渡太平洋後，抵達了今日的關島一帶。

另一方面，達伽馬在出發前往目的地印度之前，其實已從地中海派出伊斯蘭教徒船隻擔任先遣調查使節，航往阿拉伯一帶。而從非洲東岸到印度的這段長距離航行，則是雇用了領航員來帶路。

言下之意，達伽馬的功績在於連起了各方的已知海域，創造出從葡萄牙通往印度的一系列航線。

奪去船員性命的壞血病

在嚴苛的航海過程中，人們可能會在各種因素下喪命。其中**最具代表性的，即是俗稱「水手病」的壞血病**。

壞血病是因缺乏維生素C導致血管弱化的疾病，牙根、皮膚會出血，最終致死。出航後經過越久，就越難吃到新鮮的蔬菜和水果，更容易發生壞血病。

我們可從疾病的觀點，再次審視航海期間的人員損耗。

首先，哥倫布以三艘船九十人出航，回國時剩下一艘船四十人。看起來似乎剩下不到一半，但根據紀錄，其實當時有將近四十名船員被留在新大陸，而且途中還有一艘船走散（還有一艘則是遇難）而分頭返國，死者人數稱不上多。

接著是麥哲倫，出發時原有五艘船兩百五十六人，回國時剩一艘船十八人。生還率雖然極低，其實有一艘船是在中途走失，三十多人在菲律賓戰死（麥哲倫自己也丟了性命）、五十人被留在東南亞的摩鹿加群島，擔任船隻修理人員、十三人在抵達終點前於美洲大陸西方的維德角群島遭到扣押。在麥哲倫的航海過程中，曾明確記錄因營養失調或壞血病死亡的僅有約四十人。

達伽馬的航程中大量發生壞血病

接著，來看看達伽馬的航行過程。達伽馬的航程如同前述，是目的地確定的已知海域。不過這次的航行，因壞血病致死的比例特別高。從印度到非洲東岸的回程中，就有三十名船員罹患壞血病。

試與麥哲倫比較，麥哲倫橫越太平洋的航程，從南美南端至關島附近的直線距離約為一萬四千公里，共花費三個月又二十天。根據隨麥哲倫出航的皮加費塔筆下所做的紀錄，該趟航程有十九人死亡。

而達伽馬的航海距離，從印度西岸到非洲東岸約為三千五百公里，航行時間推測約九十七天，其間約有三十人死亡。

如此計算下來，達伽馬的平均航行速度低於麥哲倫的三分之一。順帶一提，去程從非洲東岸至印度西岸的相同距離，僅花了二十六天就抵達了。

我們可以推測，船行緩慢或許是因為達伽馬判斷失誤，如果能再早一些抵達非洲東岸，說不定就不會爆發壞血病了。

雖然這樣對歷史名人有些失敬，就讓我們再深入分析一下達伽馬的航程吧。

印度洋的風向會依季節變換

高中地理課會學習到**季風（monsoon）**的概念。因為陸地跟海洋變熱與變冷的方式不同，水是相當慢熱也慢冷的物質，這會使陸地跟海面產生溫差。換句話說，水具有維持穩定氣溫的功能。

夏季時陸地氣溫高於海洋，冬季則是海洋氣溫較高。空氣在加熱後上升，冷卻後則下降，如同熱氣球上升的原理。

夏季時地面升溫後產生上升氣流，氣壓變低。相反地，冬季時地面冷卻後產生下沉氣流，氣壓變高。

風會從氣壓較高處吹往較低處，因此**夏季時風從海洋吹向陸地，冬季時風從陸地吹向海洋**，這就是季風。

季風在全球最大塊的歐亞大陸上影響尤其強勁。航行印度洋時，若船隻能在夏季時前往印度，冬季時離開印度，就能不費力地前進了。

達伽馬的返航是在逆風中出發

不過，達伽馬的航行卻違反這個法則。達伽馬自科澤科德啟航回國的日子是八月二十九日。

此時吹往非洲的季風尚未吹起，達伽馬或許也心知肚明，便選擇從該處往印度沿岸輾轉移動，等待起風。

然而，吹向非洲的風遲遲沒有出現。達伽馬終於失去耐心，在十月五日決定前往非洲。從此時開始，他花了將近一百天才抵達非洲東岸。

不過，風仍舊沒有吹起。達伽馬團隊遲遲無法前進，甚至在汪洋上決議要返回印度。當風終於吹向非洲，已經是十二月二十七日了。

達伽馬在一月二日從船上看見非洲東岸，一月九日終於抵達非洲東岸的港口馬林迪。

航程的大多數時間都在等風

各位讀者看了這趟航程就會發現，只要季風不吹，就無法輕易抵達目的地。假設航程的絕大部分時間都在等風，其實只要在出發地科澤科德耐心待到十二月再出航就好了。

達伽馬早早出航，似乎是因為「在印度被捲入麻煩，希望儘早啟航」、「急著立功，想要早點回國」等因素，但我也忍不住認為，假使他靜下心來等待風起，因壞血病亡故的船員應該不會那麼多。

那個時代的印度洋上已有不少船隻往來，例如伊斯蘭國家的貿易船，中國明朝的鄭和也曾橫越印度洋，**若達伽馬當時能收集資訊、靜觀其變，應該能將爆發壞血病的機率壓到最低，更輕鬆地抵達非洲**。

低碳時代下的帆船，重新備受關注

以前還在大量使用帆船時，乘風前進的感覺有如舊話題。蒸汽船盛行之後，人們確實漸漸不再使用帆船了。直到**邁入低碳時期的此刻，人們的注意力又再次回到帆船身上**。風也是一種能源，只要充分運用，確實能當成船隻的推進力量。

這類裝設船帆的船隻稱為現代帆船，船體安裝了風力推進裝置，也就是以纖維強化塑膠製成的伸縮性船帆。

這種船最初是由日本企業和大學主導開發，從二〇二二年開始投入航行。使用此種船隻可以減少百分之五至八的航行燃料，可望減輕環境負擔並增進經濟價值。

無論在地理大發現時代或是今日，吹越海洋的風力都是相同的。靈巧乘風的技術跨越了時代，再次成為現代航海家們的重要資源。

季風與達伽馬的航程

季風吹向

達伽馬的航程

Number

07

近世

從地形和氣候，解開奇蹟逆轉勝的荷蘭獨立戰爭

世界史關鍵字

哈布斯堡家族、查理五世、腓力二世、馬丁·路德、奧倫治親王威廉一世

地理關鍵字

北海、淺灘、尼德蘭、酪農、園藝農業

街上隨處可見鯡魚攤商

造訪過荷蘭的人或許曾經看過，荷蘭人將一種日本人會很意外的食物做成了速食，那就是鯡魚。

荷蘭的街頭巷尾總有類似鯡魚小吃攤的店家，販售著醋漬和鹽醃鯡魚。這些食物通常會裝在小盤子中端出，或者夾進麵包裡。

雖然醋味和鹽味稍強，對於吃慣了醋漬鯖魚和鹽醃魚類的日本人來說，無疑會覺得相當美味。

在荷蘭北部有全球數一數二的**北海**漁場，遼闊的**淺灘**（**bank**）孕育了大量浮游生物，棲居著許多魚類。對北海沿岸地區而言，北海魚類在歷史上亦是荷蘭最主

要的貿易商品。

其實在鯡魚速食的背後，還隱藏著荷蘭歷史和地理的小故事。

阿姆斯特河有水壩，故稱阿姆斯特丹

回顧荷蘭的歷史，會發現這塊地方名為**尼德蘭**，尼德蘭意為「低地」。**目前荷蘭仍然名為尼德蘭，將低地當成國家對外的正式名稱**。過去荷蘭的大部分國土都屬於森林、沼澤地等遼闊的低濕地帶，人們必須填土造地才能居住。

荷蘭的首都阿姆斯特丹，是在阿姆斯特河畔低地築堤建成的城市。直到今日，阿姆斯特丹的平均海拔仍為負二公尺，鄰近阿姆斯特丹的史基浦機場，海拔同樣比海平面還要低。

簡單說來，阿姆斯特河有水壩，故稱阿姆斯特丹。

哈布斯堡家族自十五世紀開始統治荷蘭

荷蘭這塊土地自古就有不少漁村，後來有日耳曼人的其中一支在此落地生根。隨後經過日耳曼人大遷徙，荷蘭的土地成為法蘭克王國的一部分。

在法蘭克王國分裂後，**荷蘭成為神聖羅馬帝國的一部分，但低地不適合防禦，導致荷蘭淪為各方勢力交雜之地**。

荷蘭在十五世紀末葉發生了極大的政局變化，成為了歐洲第一望族**哈布斯堡家族**的領地。

尤其當神聖羅馬皇帝**查理五世**、其子西班牙國王**腓力二世**統治荷蘭之時，更是為荷蘭其後邁向獨立推了一把。

鎮壓新教，成為人民追求獨立的導火線

查理五世和腓力二世是高中世界史課本中，必定會登場的知名國王。尤其是查理五世，向來以在宗教改革事件中壓迫**馬丁．路德**而聞名。換句話說，這位天主教

君主壓迫了路德宗教改革運動所帶起的新教，其子腓力二世同樣也是出名的虔誠天主教徒。

另一方面，新教的信仰則在荷蘭民眾之間逐漸普及。新教中的**喀爾文教派推崇儲蓄的思維，這對有大量工商從業者的荷蘭民眾而言，是相當投緣的教義**。

面對有著大量新教徒的荷蘭，信仰天主教的查理五世和腓力二世著手壓制異端，導致荷蘭人起而造反，開始追求獨立。

其後，荷蘭面對當時壓倒性的大國西班牙，花費八十年歲月戰到最後一刻，終於爭取到了獨立的果實。

鯡魚的滋味，是解放萊頓的滋味

這場荷蘭獨立戰爭中最大的戰役，當數萊頓攻防戰。萊頓是位於阿姆斯特丹略西南方的城市，對苦戰連連的荷軍而言，此處在戰略上極其重要。倘若萊頓淪陷，全荷蘭就會在轉瞬間身陷危機。

西班牙派出了大軍圍攻萊頓，西軍展開長期包圍戰，使萊頓市民逐步陷入饑荒狀態。此時，荷蘭的獨立英雄——**奧倫治親王威廉一世**提出了一項作戰策略。

他決定破壞位於萊頓南方的海堤，引海水水攻西班牙軍隊。由於萊頓一帶低於海平面，一旦海堤潰決，定會頓成水鄉澤國。威廉一世盤算著藉水攻截斷西班牙的攻勢，並乘隙將物資運進萊頓，救市民於水火中。

然而當他真的破壞海堤，情況卻遠遠不如想像中那般順利。因為，海水雖然漸漸蔓延開來，狀況離水攻卻還有很大一段距離。萊頓市民反而面臨了更加嚴重的饑荒，甚至開始流行起疾病，全城淪陷近在眼前。

正當此時，荷蘭這邊吹起了奇蹟般的神風，強烈的西風突然吹起，將海面的水推向荷蘭沿岸。據說這陣風將海水一口氣帶至萊頓周圍，令西班牙軍隊極度慌亂，最終只得選擇撤退。

而在擺脫西班牙軍隊後，食物終於送入萊頓——那食物正是鯡魚。據說萊頓市民拿著荷蘭名產琴酒配著鯡魚吃，慶祝重新獲得自由。

自此之後，每年的十月三日便被訂為萊頓解圍紀念日，成了萊頓人吃鯡魚的日子。在荷蘭吃到的鯡魚滋味，正是萊頓解圍與荷蘭獨立的滋味。

荷蘭是荷蘭人造地而成的

這段故事已經充分顯示，荷蘭是一塊相當低的低地。由於荷蘭屬於低地國家，人們透過頻繁填海造陸，逐步製造出了國土。俗話說，「神創造了世界，荷蘭人創造了荷蘭」，荷蘭從十三世紀開始填海造陸，國土不斷擴張，至今已有三分之一都是填海地。

荷蘭著名的獨特景觀——風車，亦是在打造填海地時用來將水排至海堤外的裝置。填海地在完成後若沒有持續排水，低於海平面的土地就會積水，因此荷蘭人才會建造風車。如今已改用電動馬達排水，風車則轉為觀光用途。

當然，填海地原本曾是海底，並不是最適合發展農業的肥沃土壤。因此，荷蘭專精發展**酪農**、花卉和蔬菜等**高收益的園藝農業，如今已經超越巴西、法國等國，成為了全球農業出口值排名第二的國家**（二〇二二年）。

荷蘭與填海地

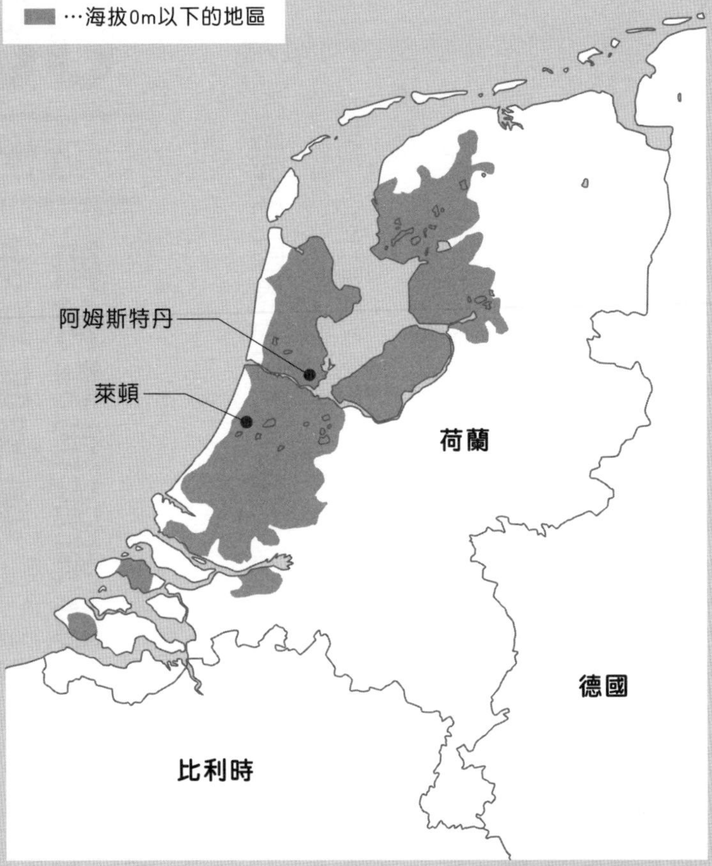

填海地模式圖

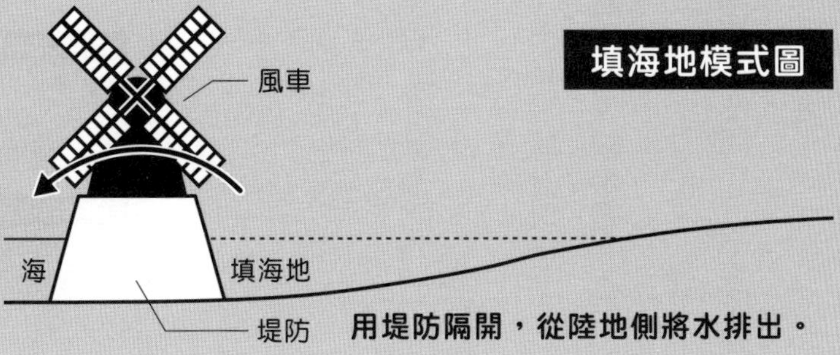

用堤防隔開，從陸地側將水排出。

Number

08

近世

全球國界是如何制定出來的？

世界史關鍵字

封建社會、主權國家、路易十四、天然疆界說、瓜分非洲

地理關鍵字

主權、國民、天然國界、人為國界

過往的國界定義很模糊

地球上有為數眾多的國界，這些國界都曾經歷各式各樣的變遷，才成為了今日的模樣。

中世紀歐洲的社會稱為**封建社會**，這種社會型態是由國王、各地領主及其臣子形成從屬關係的集合體。君主將土地分封給臣子，臣子則會應君主的要求參戰，盡軍事義務。

這種從屬關係，是由君主跟臣子合意形成的契約關係。透過締結契約，臣子既能侍奉多位君主，也能主動解除跟君主間的契約關係。

也因如此，中世紀歐洲的國界跟今日劃設明確邊線的國界並不相同，**其概念相**

當曖昧不清，只知道「這附近大致上是這位國王及其臣子，在契約關係下所管轄的地區」。

從英國國王長期身為法國國王的臣子，同時卻又持續對抗法國的這件事，亦可看出過去的國界概念跟今日截然不同。

主權國家的國界概念變得明確

到了中世紀後期，法國、英國、西班牙等大國躍上舞臺，英法百年戰爭等激烈戰事也隨之展開。為此，國王漸漸必須在戰爭中發揮領導能力，帶領全國上下獲取勝利。

中世紀的封建國家結構，在那之前曾是可侍奉多位君主，由土地分配所形成的契約關係集合體。但到了這時候，國王們都開始面對一項難題——就算發動戰爭，也不確定有多少諸侯和騎士會遵守契約趕赴戰場。於是從十五世紀到十六世紀，採取**主權國家**型態的國家逐漸成形。

這些**主權國家的形式是由領導國家的掌權者做決定，居住於該國的全體國民則**

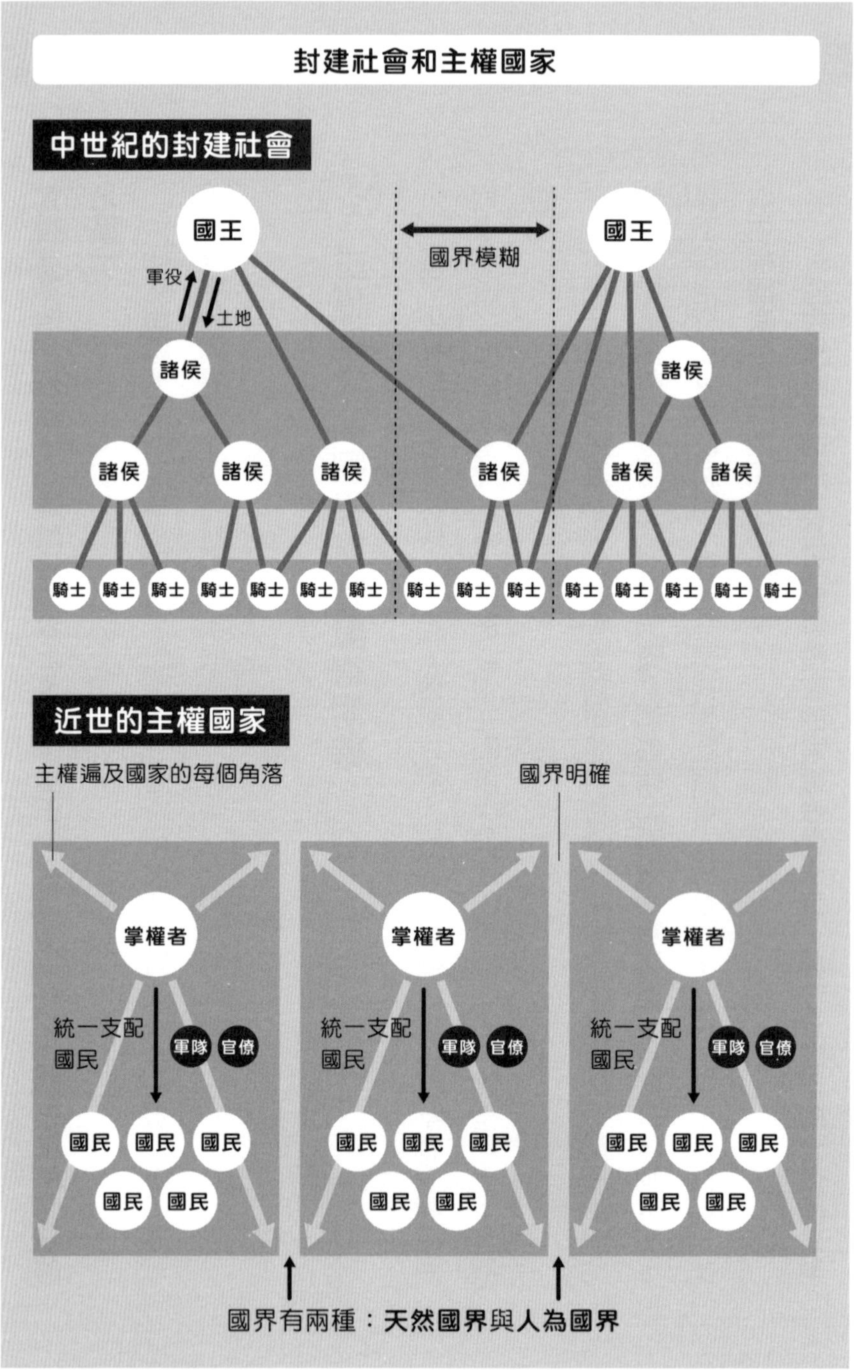
封建社會和主權國家
中世紀的封建社會
國王
國界模糊
國王
軍役
土地
諸侯
諸侯
諸侯
諸侯
諸侯
諸侯
諸侯
諸侯
騎士
近世的主權國家
主權遍及國家的每個角落
國界明確
掌權者
統一支配
國民
軍隊
官僚
國民
國界有兩種：天然國界與人為國界

予以遵從。主權所及範圍也就是所謂的國界，定義變得清晰而且明確，不會跟他國主權重疊。

主權國家可由掌權者動員全國戰力，命令效力遍及國家的所有角落，可說是更適合大規模戰爭的國家型態。由國王掌握主權，施展絕對權力的主權國家類型稱為君主專制；由國民掌握主權，舉行選舉或會議，再由全體國民遵從決定的主權國家，則稱為國民主權國家。

天然國界與人為國界

主權國家的國界共分兩種，一種是**天然國界**，另一種是**人為國界**。

天然國界是以山脈、河川和湖泊等地形所定出的國界。諸如泰國和寮國的國界湄公河、智利和阿根廷的國界安地斯山脈等處，今日絕大多數的國界都是天然國界，數也數不清。

在歐洲同樣也有挪威和瑞典國界——斯堪地那維亞山脈、羅馬尼亞和保加利亞國界——多瑙河等許許多多的國界。

過去有位國王曾將這些天然國界當成擴張領土的藉口，他就是十七世紀的法國國王，人稱太陽王的**路易十四**。路易十四鼓吹**天然疆界說**，主張國家不該侷限於居於該土地上的民族，而是應以天然的地形當作國界。

天然國界確實數量眾多，但也有以民族、文化邊界當國界的例子，在這類情況下，國界就會跟天然國界分離，或者落在平地之上。**路易十四主張，比起用民族和文化當邊界，更應注重自然地形來劃設國界**。

當然，這個說法是出於路易十四想透過戰爭擴張法國領土的支配欲望。路易十四將東至阿爾卑斯山脈、西至大西洋、南至庇里牛斯山和地中海、北至萊茵河的區域全都視作法國領土，頻繁發起戰爭。

其中，路易十四若想抵達視為北方國界的萊茵河，就必須奪取相當於現今比利時的哈布斯堡家族領地及荷蘭南部。路易十四為此發動了多次戰爭，但他好戰卻不善戰，就算旗開得勝也不懂得適時收手，很多時候都導致戰況惡化，最終只得在不利的情況下談和。

到了最後，路易十四雖曾一度將領土擴張至萊茵河附近，到頭來仍然退回了現今法國、比利時的國界一帶。

殖民統治留下的人為國界

另一方面，人為國界則是透過緯度或經度來界定土地所有權的邊界，通常會畫設成直線。代表性的例子諸如美國、加拿大之間綿長的人為國界，以及巴布亞紐幾內亞、印尼的國界等。

這類人為國界在非洲大陸上集中出現，從十九世紀末葉至二十世紀初，非洲遭到歐洲各國殖民統治。在這場史稱「**瓜分非洲**」的殖民地爭奪戰中，**歐洲各國在非洲各自劃設直線邊界，以彰顯勢力範圍，在這之後就成為現今非洲國家的國界。**這些邊界在劃設時，並未考量到非洲破千個民族所居住的區域，導致這些民族被迫分割，衍生出各種民族問題。

路易十四天然疆界說與非洲的人為國界

路易十四天然疆界說

非洲的人為國界

Number

09

近世

都是地形惹的禍？波蘭苦難不斷的歷史

名為「平地」的國家

波蘭就跟荷蘭一樣，是知名的低平地區。波蘭國名的語源意為「平坦土地」，除去南部山區，絕大部分的國土都是平地。

歐洲原本就有超過一半以上的國土面積屬於海拔不到兩百公尺的低地，而波蘭的國土又尤其平坦。

從印度北部延伸到波蘭的整片北歐平原，皆是地殼幾乎不會變動的**穩定地塊**。不僅如此，該處在冰河時期還曾覆蓋著**大陸冰河**，少有地殼變動，再加上受到冰河侵蝕，便形成了更為低平的平原。

世界史關鍵字

瓜分波蘭（Partitions of Poland）、維也納會議（Congress of Vienna）

地理關鍵字

波蘭、穩定地塊、大陸冰河

波蘭的地形不利於防禦

這樣的地形條件，直接形塑了波蘭的歷史。**波蘭在歷史上曾多次遭到瓜分，或被其他民族統治**。

回顧波蘭悲劇性的歷史——普魯士、奧地利和俄羅斯等三國在一七七二年至一七九五年間「**瓜分波蘭**」，強行要求波蘭讓渡國土，曾導致波蘭從地圖上完全消失。在拿破崙戰爭後的**維也納會議**上，俄羅斯開始兼任波蘭國王，使波蘭成為俄羅斯的實質領土。而第二次世界大戰前夕，波蘭亦早早就被德國和蘇聯聯手瓜分。

這類悲劇**和波蘭地勢低平不利防禦、容易受到他國侵略的條件不無關係**。

令波蘭煩惱不已的東側國界

波蘭最感到頭痛的，就是跟俄羅斯（蘇聯）之間的關係了。

包括瓜分波蘭、維也納會議後遭俄羅斯統治、第二次世界大戰前夕的侵略、冷戰時期的社會主義化等事件，波蘭一路籠罩在俄羅斯和蘇聯的陰影之下。

仔細觀察波蘭的地形，會發現西側（德國側）有奧得河這條天然壁壘。然而，**波蘭的東側既無山脈亦無大河，沒有任何東西可當屏障**。

從莫斯科到華沙的一路上，根本找不到半個足夠醒目的天然屏障。由於波蘭跟俄羅斯同在一塊相連的平原之上，不難理解為何波蘭會受到俄羅斯的強烈影響。

波蘭政府正在築牆

將時間拉回現在，波蘭政府目前正在其與白俄羅斯接壤的**東側國界上，建造高五．五公尺，完工後將長達一八六公里的牆。目的就是要在沒有確切屏障的東側建立人造壁壘**。從牆的規模可以看出，波蘭政府是多麼認真想守護住東部國界。

事實上，許多企圖移民的中東民眾，都會前仆後繼地經白俄羅斯跨越這條國界進到波蘭國內，這也使波蘭建造壁壘的需求變得更加緊迫。

波蘭的東西國界

波蘭國界位於北約最東側

波蘭東側國界的緊張情勢，在二〇二二年俄羅斯出兵侵略烏克蘭時突破新高點。白俄羅斯與俄羅斯向來關係緊密，這意味著波蘭東側國界即是歐盟（EU）和北約（NATO）對俄羅斯的最前線。

在俄羅斯入侵烏克蘭後，白俄羅斯在波蘭國界附近舉行軍事演習，波蘭就跟著採行增加邊境駐軍的牽制方針，令國際各方密切關注。

Number

10

近世

十四世紀和十七世紀好發傳染病和戰爭的緣由

世界史關鍵字

十四世紀危機、十七世紀危機、百年戰爭、朱元璋、紅巾之亂、鼠疫、三十年戰爭、清教徒革命

地理關鍵字

氣候變遷、永續發展目標（SDGs）、全球暖化

全球寒化引發歷史危機

自從聯合國大會在二〇一五年通過「**永續發展目標**」（**SDGs**），至今已過了十年，這些目標已在人們的心中漸漸扎根。其中第十三項所提及的就是，針對氣候變遷的具體對策。

一般談到**氣候變遷**，許多人都會想到**全球暖化**。全球暖化確實伴隨著諸如海平面上升、乾旱和生態系衝擊等負面效應。有鑑於此，需要提出減少使用化石燃料等具體對策，也算相當合理。

不過若要討論歷史上的氣候變遷，**寒化或許還比暖化造成了更深遠的影響**。暖化雖會帶來乾旱和生態系衝擊等問題，其實寒化也會招致傳染病變多、農作物發育

不良，進而使得戰亂頻發。

事實上早在人們喊出全球暖化危機之前，直到一九八〇年代左右，擔憂全球寒化的論調，就已獲得一定程度的認同。

歷史上曾有過兩次足以稱為「〇〇世紀危機」的時代——**十四世紀危機**和**十七世紀危機**。據信這兩次危機的其中一個起因，正是全球寒化。

從十四世紀至十九世紀，地球都處於「小冰期」的偏冷時期。於此之中，在剛進入小冰期的十四世紀，以及在小冰期中氣溫持續偏低的十七世紀，都發生過危機狀況。據說這兩個時代陷入危機的寒化，都是因為太陽活動變得不活躍所致。

十四世紀危機：鼠疫擴散

十四世紀危機，發生在從較為溫暖的中世紀剛進入小冰期的時代。這個時期戰亂、疫病頻傳，諸如法英**百年戰爭**遲遲未果、蒙古帝國分裂等，大型戰亂和國家衰敗的事件接踵而至。

十四世紀時**朱元璋**建立了明朝，他生為貧窮農民，雙親和兄長相繼去世，十七歲時被寺廟收養。

據說朱元璋的雙親是餓死的，饑荒頻繁發生令民眾生活困頓，**紅巾之亂**因而爆發。這場動亂顛覆了元朝，並使朱元璋得以嶄露頭角。

在這個時期，因寒化所催生的大事件中，又以人稱「黑死病」的**鼠疫**大流行尤甚。據傳鼠疫菌是「好冷」細菌，在氣溫略低的時期就會擴大傳染。

當時在歐洲大為流行的鼠疫菌，最初是一三三一年自中國雲南地區傳開，接著經由蒙古帝國的網絡，在一三四七年傳播至克里米亞。

蒙古帝國的貿易網絡遍及各地，人潮往來如織，鼠疫擴散因而加速了蒙古帝國各地政權弱化。

接著，鼠疫抵達了歐洲。一三四八年從義大利半島傳入法國，隔年傳至英格蘭，再隔年轉瞬間就傳播到了神聖羅馬帝國。這演變成了歷史性的疾病大流行（Pandemic），據說西歐有三分之一人口皆因此死亡。

鼠疫招致了社會結構改變，令封建制度解體，隨後亦帶來宗教改革，使得中世紀民眾的人生觀產生變化。

十七世紀危機：經濟變動

十七世紀的氣溫降低，同樣對世界歷史造成了莫大影響。據說在該次寒化中，連倫敦的泰晤士河都結凍了。

除了寒化導致歉收，這個時代也發生了鼠疫大流行。整個社會的不安情緒高漲，戰爭和叛亂頻繁爆發，包括**三十年戰爭**、西班牙加泰隆尼亞叛亂、英國**清教徒革命**等皆在此列。據說德國在三十年戰爭中喪失了三分之一的人口。

這場危機已經相當嚴重，卻連經濟問題都跑來插一腳，那就是——新大陸的銀供應量減少了。

在直到十六世紀為止所謂的地理大發現時代，墨西哥和祕魯的銀礦被運至歐洲，鑄造成銀幣在歐洲流通。貨幣流通量一舉增加，導致急遽的通貨膨脹，物價因而飆漲至二到三倍。

但在進入十七世紀後，銀礦山逐漸枯竭，供應至歐洲的銀量開始減少。此時又發生寒化，因此農村不僅歉收，就算賣出農作物也換不到錢，情況可說慘上加慘。

換句話說，**歉收和貧窮同時襲向農村，導致了社會動盪一舉加劇**。

荷蘭在危機中繁榮富強

不過在這次的十七世紀危機之中，也有國家逆勢反彈走上了繁盛之路，那就是荷蘭。十七世紀初葉也被稱為荷蘭黃金時代，這正是荷蘭在甫獨立後，大幅躍進的時期。

因寒化而大受打擊的，都是以生產穀物為主的農業國家。荷蘭將主軸放在發展工商業，憑藉著亞洲貿易大幅躍進，將農業國家遠遠拋在後頭。

其後歐洲的霸權由英國接下，同樣是個以工商業立國的國家。換句話說，**足以抵抗氣候變遷的國家撐過了十七世紀的寒化，最終建立起霸權**。

十四世紀危機和十七世紀危機

全球平均氣溫變化

※根據聯合國政府間氣候變遷專門委員會（IPCC）第六次評估報告製表

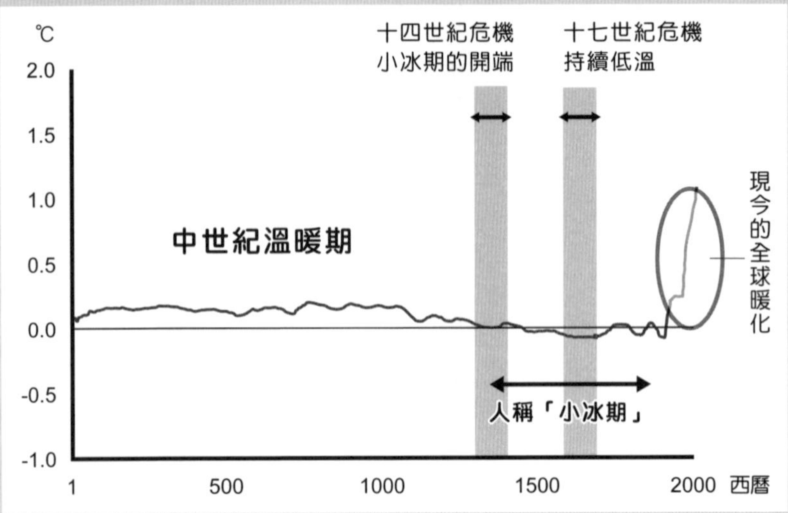

十四世紀鼠疫傳播

Number

11

近代

法國大革命催生公制法，取代以人或物品為基準的計量單位

世界史關鍵字

法國大革命（French Revolution）、國民議會

地理關鍵字

地球的大小、公制法

繞地球一周的長度，為何剛好是四萬公里？

高中地理課會學到**地球的大小**：「**地球周長約四萬公里**」。用車輛的行駛距離比喻的話，四萬公里大約是繞地球一周。

不過，大自然的數字怎麼可能這麼剛好呢？事實上，**人們是先定義地球周長為四萬公里，在測量地球周長後，再將其四千萬分之一長度視為一公尺**。實際算法是取地球周長四分之一的千萬分之一而得。

這就跟水的沸點及熔點一樣，它們並非恰巧就是100℃跟0℃，而是我們先將沸點訂為100℃、熔點訂為0℃，再將中間切成一百份，才定義出了1℃。

在公制法通用之前，是用人類的日常生活當成單位基準

現在的我們已經很習慣使用**公制法**。但仔細想想，一公尺其實是個含糊不清的單位。用來呈現人類的身高時，一公尺顯得過矮，兩公尺則又太高。

若是使用在公制法之前所使用的單位「英尺」，身高一五十公分大約是五英尺，一百八十公分則是六英尺。

由於大多數人的身高都介於五英尺至六英尺間，這使用起來應該相當方便。順帶補充，一英尺等於三〇．四八公分，這個單位參考了人類腳尖至腳跟的長度。但這似乎是隻相當大的腳。

此外在標示距離時，一英里約一六〇〇公尺，除以二〇〇〇之後，就會是八十公分。這大致是古代軍隊勇猛前進時邁出兩千大步的距離，雖然略顯大步，卻是滿剛好的距離。古羅馬的長度單位曾以兩步為一個計數單位。

此外在法國和英國等國家，也曾參考動物、農作物大小當作長度單位。相較於以地球為基準的公制法，參考人體和物品等日常物件的單位，更貼近人類生活。

所以，人們為何會特地推廣較不直觀的公制法呢？

法國大革命促使公制法普及

其實，公制法之所以大為普及，是受到法國大革命的深遠影響。公制法是**法國大革命**發生不久前所研擬的單位，在法國大革命的理念推波助瀾下而普及。

由革命派所組成的**國民議會**，掌握著法國大革命的主導權。他們通過公制法，並促使民眾廣為使用。

法國大革命的理念是自由、平等、博愛。國民議會認為不該將人人各有不同的身體尺寸和步伐當成標準，而該**用地球這個世界都能參考的基準來制定單位，才能體現法國大革命的平等理念**。

今日仍可一窺面貌的測量痕跡

當實際開始測量時，法國大革命已如火如荼進行中。人們從法國最北方的敦克爾克，量測至西班牙巴塞隆納間約一千公里的距離，嘗試計算出子午線的長度。

公制法這番「以全世界都能參考的東西當標準」的理念，也被法國之外的各國所接納。由於不少國家也認為有必要統一計量單位，公制法才逐漸開始廣泛使用。

其後，人們試圖更準確地測量子午線的長度，此次測量由俄羅斯的斯特魯維主導。據說當時的測量距離長達兩千八百公里，接近法國大革命期間所測的三倍。

從挪威鄰近北極海的亨墨菲斯，到烏克蘭鄰近黑海的舊涅克拉西夫卡之間，共跨越約兩千八百公里的數個測量點遺跡被稱為「斯特魯維測地弧」，如今已列入世界文化遺產。

公制法與測量

地球的大小成為公制法的參考基準

先定義「地球周長約四萬公里」」才開始測量，實際上是以四分之一周的千萬分之一為一公尺。

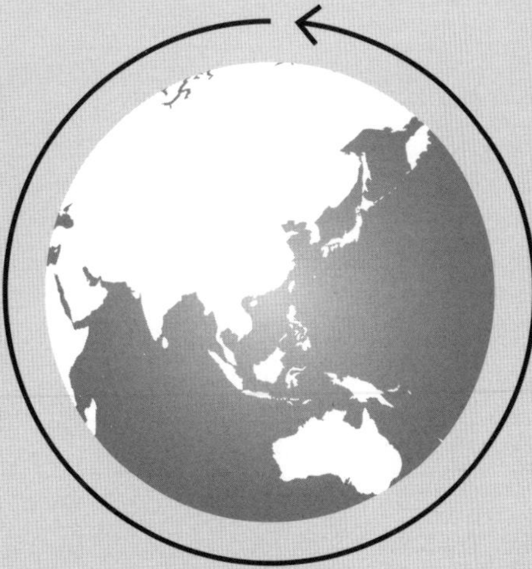

世界遺產「斯特魯維測地弧」

Number

12

近代

鑽石價格異常昂貴的原因來自英國？

世界史關鍵字

塞西爾・羅茲、開普殖民地

地理關鍵字

鑽石、波札那

與英國殖民統治合而為一的鑽石產業

說起全球最堅硬的美麗礦產資源，當數**鑽石**了。但是因為要價不菲，無法想買就買。應該很多人都曾想過，要是鑽石的價格能更便宜就好了。但是，鑽石為何如此昂貴呢？

礦藏稀少、不易採掘自是一因，但在歷史上，其實有間企業曾經大幅拉抬鑽石的價格。那就是在南非起家，總部位於英國的戴比爾斯公司。

據說戴比爾斯公司從十九世紀末至二十世紀初葉，曾掌握全球鑽石約八至九成的市場占有率。戴比爾斯的創辦人，正是前英國開普殖民地總理**塞西爾・羅茲**。

羅茲生於一八五三年，他在少年時期自英國搭船前往南非，從十七歲時開始在礦場工作。羅茲隨後運用在礦場獲得的資金收購礦山，開始經營礦業，並創設了戴比爾斯公司。

其後戴比爾斯在短期內急速成長，據說羅茲三十七歲時，就幾乎掌控了南非所有的鑽石。後來羅茲成為**開普殖民地**的總理，為英國推動非洲的殖民地政策。

羅茲是個占有欲和支配欲極強的人，他曾發出諸多豪語，例如「神希望世界地圖上塗滿英國領地的顏色」、「我連夜幕裡的行星都想併吞」、「我必須取得地表上更多土地，就算再多一吋也好」……

隨著英國殖民地擴張統治，戴比爾斯公司也一同成長。

戴比爾斯公司拉抬了鑽石價格

羅茲死後，戴比爾斯公司也承襲了他一貫的鐵腕作風。全球鑽石價格是由戴比爾斯公司所謂的喊價所決定，按照規矩並不允許殺價。

戴比爾斯公司旗下的銷售機構會舉辦鑽石販售會，有資格出席的業者稱為「看貨商」（Sightholder），可以在販售會上採購鑽石。此時，看貨商必須以戴比爾斯公司所指定的價格，一次買下指定盒中的所有鑽石原石。

看貨商無法事前確認盒內物品，不論品質好壞、數量多寡，價格都由戴比爾斯決定。若是看貨商拒絕採購，就會喪失出席資格。

如此這般，看貨商向戴比爾斯公司採購原石，並將鑽石交予全球各地的寶石業者，最後鑽石才陳列到珠寶飾品店內。

市場經濟力量逐步影響鑽石業

這番由戴比爾斯公司所主宰的鑽石販售會機制，一路持續到今日。不過進入二〇〇〇年代後，隨著俄羅斯的鑽石生產量增加，有更多鑽石是不經戴比爾斯公司之手就能流通於市。

直至二〇一九年，戴比爾斯公司所掌握的鑽石比率已減少至全球的百分之三十五左右。時至近年，美國和歐盟根據反壟斷法對戴比爾斯公司提起訴訟，戴比爾斯最終敗訴。

如今除了戴比爾斯公司已經推出合成鑽石的新品牌之外，中國也開始傾力生產珠寶飾品用的合成鑽石。隨著市場經濟的供需原理發揮效用，可以想見鑽石的價格將會開始產生變化。

因為高價而衍生的問題

試著觀察鑽石的生產量排名，第一名是俄羅斯、第三名是加拿大、第五名是澳洲，其他一路到第十三名全是非洲國家。

其中，產量排名第二的**波札那**，光鑽石就占了GDP的兩成及全國出口量的九成，是個經濟受惠於鑽石的國家。不過，這並不是一件全然的好事。

波札那政府深知一旦鑽石枯竭就會導致經濟一落千丈，因此正在設法擺脫對鑽石的依賴。

此外，在非洲戰爭區域所挖掘出的鑽石稱作「衝突鑽石」，反政府組織等各方糾紛勢力都將鑽石收入當成資金來源，導致內戰綿延不絕，程度加劇。這同樣是鑽石衍生出的一大問題。

塞西爾・羅茲與非洲鑽石生產國

開普殖民地總理
塞西爾・羅茲

戴比爾斯公司創辦人

協助英國對非洲實施殖民地政策。
這張著名的諷刺畫，描繪了他大腳橫跨非洲的模樣。

非洲主要的鑽石生產國

Number

13

近代

規模僅次於聯合國，卻沒有寫在課本裡的謎樣國際組織

世界史關鍵字

去殖民化、第一次世界大戰、第二次世界大戰

地理關鍵字

北大西洋公約組織（NATO）、東南亞國協（ASEAN）、歐盟（EU）、聯合國、大英國協

規模僅次於聯合國的大英國協

高中地理課會學習到各式各樣的國家聯盟，在稱為國際組織的群體中，包含著經濟性、政治性及軍事性的各類聯盟，諸如**聯合國**、**歐盟**、**東南亞國協**和**北大西洋公約組織**皆在此列。

此外，也有許多國際組織並未被列在課本中，最代表性的例子，就是通稱英聯邦的「**大英國協**」。

在二〇二三年七月撰文的此刻，大英國協成員國已多達五十六個國家，超過全球的四分之一。這個組織比擁有三十一個加盟國的北大西洋公約組織、擁有三十八個加盟國的經濟合作暨發展組織（OECD）都來得大。

就加盟國的數量而言，這個巨大組織的規模僅次於聯合國，已經占了全球國土面積的五分之一、全球人口的三分之一。

昔日英國殖民地所組成的國家團體

大英國協一般稱為「英聯邦」，正如這個稱呼，**其成員國主要是英國自身，以及過去英國曾經統治的殖民國家**，包括印度、澳洲、加拿大和南非共和國等。此組織由英國國王擔任元首，現任元首是英王查爾斯三世。成員國每兩年會舉行一次首腦會議。

這個組織多達五十六國加入，還定期舉辦首腦會議，感覺上應該會對全球具有強烈的影響力。然而在高中地理課上並沒有多所著墨，大家在電視或報章媒體等處，應該也很少看到。

大英國協的國際影響力不大

大英國協的成員國，幾乎都是前英國殖民地國家。由於入會條件不嚴苛，就算不是前英國殖民地也能申請，獲得批准就能加入，首腦會議中決定的事項也不具法律約束力。此外，每四年還會舉辦一次大英國協運動會。

由此可知，大英國協給人一種「英國前殖民地同樂會」的形象。組織規模雖大，國際影響力卻很小，因此高中地理和大眾媒體才都不太提及。

大英國協在兩次大戰的背景下成立

那麼，為何會成立這樣的組織呢？英國在兩次世界大戰都是戰勝國，為求在人稱「總體戰」的戰事中得勝，也曾動員殖民地的物資和人力。

當然，殖民地並不會白白將物資和人力送上戰場。這些國家和地區紛紛提出自治、獨立或是提升話語權等要求，當成替戰爭出一份力的回報。

最終在兩次大戰過後，便發生了**去殖民化**浪潮。**第一次世界大戰**結束後，加拿大和南非獨立；**第二次世界大戰**結束後，大量亞洲和非洲的國家都紛紛獨立。

英國認可了這些國家的自治和獨立，卻下了一番功夫，創造出大英國協的概念。**英國不希望跟前殖民地切斷關係，因而勸說這些國家在獨立後繼續留在大英國協的網絡中保持聯繫，試圖維持一定的影響力。**

前殖民國家並未全面否定英國統治

從歷史脈絡來看，英國的殖民政策常被視為惡行。例如，印度等地就曾對英國發起激烈的抗爭運動。

不過若說這些國家是不是都否定英國過往的統治，其實並非如此。許多國家都選擇繼續留在能夠自由退會的大英國協中。

英國前殖民地雖然認為被英國統治的那段過去，是民族的負面歷史，卻也因為擁有英語這門共通語言、法律和教育等相似的制度（大多是由英國所帶入），覺得跟其他前殖民地國家維持聯繫有不少好處。

從十九世紀末至二十世紀初葉，大英帝國時代的維多利亞女王是英國帝國主義的象徵性人物，女王本身也對帝國主義抱持著肯定態度。

與此同時，這份「帝國之母」的形象，有助於緩和受統治方的反英情緒。雖然刻意營造的成分居多，但其實有不少人都是「討厭被英國統治，但對維多利亞女王有好感」。

大英國協的存在本身，或許彰顯了英國統治殖民地的雙面性質——被英國統治本身是負面歷史，但跟英國及前殖民地保持聯繫同樣也有好處。

英國脫歐後，回歸大英國協

進入一九七〇年代後不久，英國便加盟歐洲共同體，並轉至歐盟。因此英國在外交政策方面，其實略重視歐盟勝於大英國協。

不過，咸信英國在二〇二〇年脫歐之後，將會再度加強針對大英國協各國的外交政策。因為在英國脫歐前，脫歐派的其中一項主張就是要將重心轉回大英國協。

大英國協加盟國

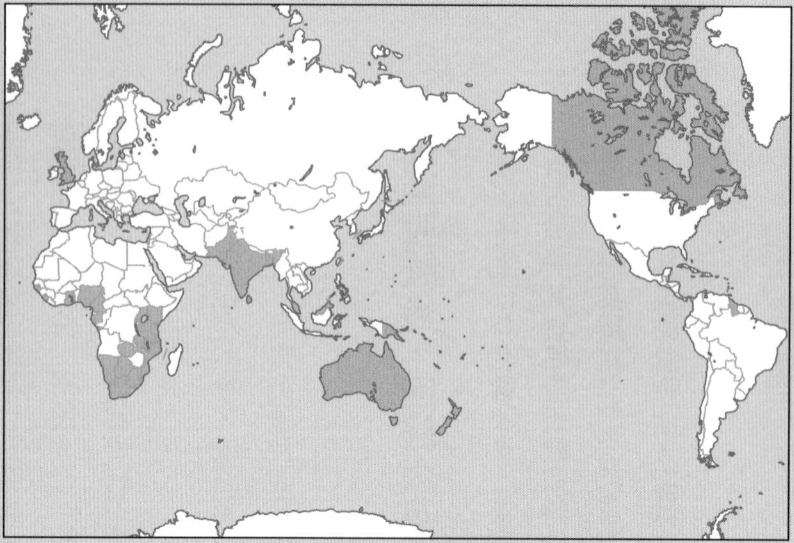

由英國與前殖民地構成的鬆散聯盟

- 2023年7月時有56國加盟。
- 占全球面積五分之一、全球人口三分之一的巨大組織。
- 決議無約束力，可自由參加或脫離。

大英國協會旗

大英國協運動會

每四年舉辦一次的大英國協運動大賽，特色是舉辦壁球、草地滾球等發源自英國的運動賽事。

Number

14

近代

法德爭奪「亞爾薩斯—洛林地區」長達四百年的原因

世界史關鍵字

亞爾薩斯—洛林、西發里亞條約、普法戰爭、第一次世界大戰、第二次世界大戰、原料導向型、西利西亞地區、腓特烈二世、瑪麗亞・特蕾莎、奧地利王位繼承戰爭、七年戰爭

地理關鍵字

歐洲共同體（EC）、歐盟（EU）、歐洲煤鋼共同體（ECSC）

讓法德相持不下的美麗城鎮

法國東部城鎮科爾馬，以保留濃厚中世紀風情的美麗街容廣為人知。科爾馬小鎮亦是宮崎駿動畫電影《霍爾的移動城堡》參考原型之一，美麗程度可見一斑。

在科爾馬北方約六十公里的世界遺產城市「史特拉斯堡」，美輪美奐的大教堂和中世紀街景同樣頗具盛名，這兩處都是位於法國東部亞爾薩斯地區的城鎮。

亞爾薩斯地區和比鄰的洛林地區常被統稱為「**亞爾薩斯—洛林**」，在高中世界史課程中也頻繁出現。亞爾薩斯—洛林地區位於法德邊界，歷史上曾數度瀰漫戰火，以此地區為原型的《霍爾的移動城堡》中也有戰爭元素。

法國和德國長年處於競爭狀態，由於每次爆發戰爭就會重劃邊界，**亞爾薩斯—**

洛林地區因而在德法轄下反覆來去。

中世紀的亞爾薩斯地區屬於德語圈，人們說著阿勒曼尼語系（由法國角度看德國時所稱的「阿勒曼尼」）的亞爾薩斯語。在法蘭克帝國分裂時，亞爾薩斯成為東法蘭克（德國）的領土，但西法蘭克（法國）也主張擁有此地。

到了近世一六四八年，三十年戰爭後的《西發里亞條約》將亞爾薩斯自羅馬帝國讓渡給法國。洛林地區從中世紀起就一直是神聖羅馬帝國的一部分，但從十三世紀中期起已是由法國實質統治。

接著來到近現代，亞爾薩斯—洛林地區的狀態開始令人眼花撩亂。它在**普法戰爭**後歸德國所有，**第一次世界大戰**時由德國讓給法國，**第二次世界大戰**爆發後，納粹德國將之奪回，第二次世界大戰過後又回歸法國領地。在亞爾薩斯地區，經常可以見到長輩參與德軍，孩子卻參與法軍的情形。

亞爾薩斯、洛林的地理特性適合製鐵

亞爾薩斯—洛林地區之所以會成為德法相爭之地，除了地處邊界之外，還有其他因素——那就是地理位置**靠近煤炭和鐵礦產地**。在這個地區，散布著大量的煤田和鐵礦石產地。

鐵是「**原料導向型**」工業的代表。製鐵所需的兩大材料，無論過去或今日都是鐵礦石和煤炭。鐵在經過煉製後，會變得比鐵礦、煤炭等原料來得輕盈許多。鐵礦石除了鐵還含有許多其他成分，而煤炭在燃燒後則會變成灰燼。即使是現代技術，要製造出一噸的鐵，也需要二至三噸的材料。過去的製作效率更差，因而需要更大量的材料。

言下之意，**比起特地從遠方將鐵礦石、煤炭等製鐵材料搬運至煉鐵廠，不如直接將煉鐵廠設置在鐵礦石、煤炭產地附近，再將製成的鐵運出去，更能有效降低運送成本**。

所謂「**原料導向型**」工業的特徵，就是會將工廠設置於靠近原料的地點，鐵跟水泥都是著名的例子。

資源豐富就容易產生紛爭

能就近取得煤炭和鐵礦石的地點最方便製鐵，但這種地方並不多，因此就容易成為戰爭中的爭奪標的，亞爾薩斯—洛林地區就是最佳的例子。現今波蘭的**西利西亞**（今希隆斯克地區），就是個條件類似的地點。

西利西亞地區在近世成了普魯士與奧地利——也就是德國與其對手國家相互爭奪的場域。西利西亞地區有著名的「希隆斯克煤田」，周圍則有鐵礦山群集。

為了這塊土地，普魯士國王**腓特烈二世**跟奧地利大公**瑪麗亞·特蕾莎**展開了席捲全歐洲的**奧地利王位繼承戰爭**、**七年戰爭**等數次大戰。

最終結果由普魯士取得西利西亞地區，這使普魯士的工業力量更上層樓，隨後也為普魯士統一德國奠下基礎。

歐盟的開端是為了共同管理鐵礦和煤炭

歐洲聯盟（EU）的出發點，同樣跟鐵礦和煤炭大有關連。德法爭奪鐵礦、煤炭成為大型戰爭的火種，令周圍各國都被捲入其中。

因此在第二次世界大戰後，便出現了一套想法——**為了穩定歐洲局勢，必得讓法國和德國共同管理鐵礦和煤炭**。最後，**歐洲煤鋼共同體**（ECSC）於焉成立。這個組織成為先河，隨後經歷**歐洲共同體**（EC），一路發展成今日的**歐盟**。

現在已是和平時代，人們能夠自由通行於德法之間，連檢查站都沒有設置。居於亞爾薩斯的法國人通勤到德國工業區上班，也是稀鬆平常的情形。亞爾薩斯地區的史特拉斯堡，因具備法德之間要衝的性質，歐盟因而將歐洲議會設置於此。

德法相爭的亞爾薩斯—洛林

※國界為今日國界

法蘭克王國、神聖羅馬帝國

↓

《西發里亞條約》後為法國所有

↓

普法戰爭後為德國所有

↓

第一次世界大戰後為法國所有

↓

納粹德國侵占法國後為德國所有

↓

第二次世界大戰後為法國所有

德法間的激烈爭奪史

可就近取得鐵礦石和煤炭，成為歐洲大陸的爭奪標的。

↓

共同管理鐵礦和煤炭，成為歐盟的起源。

Number

15

近代

俄軍的重要據點加里寧格勒，為何是塊飛地？

世界史關鍵字

俄羅斯南進政策、波茨坦會議

地理關鍵字

寒帶、乾燥帶、加里寧格勒、溫帶海洋性氣候、溫帶、沙洲、冰磧、潟湖

俄羅斯舉足輕重的不凍港

俄羅斯是個既遼闊又寒冷的國度，這片國土之大之冷，建構出了俄羅斯一路以來的歷史。

在世界史的課堂上總會多次說明，俄羅斯為了取得能夠通往全球的出口「不凍港」，選擇展開南進政策。直至今日，俄羅斯大部分國土都仍位於**寒帶**（副寒帶），靠近中亞的區域則位於**乾燥帶**上。

黑海雖然不會凍結，但相當於通往地中海出口的博斯普魯斯海峽、達達尼爾海峽，卻都是土耳其共和國的領海。至於距離日本群島很近的海參崴，在寒冬時期似乎也會凍結，稱不上是完全的不凍港。

正因如此，對寒冷國度俄羅斯而言，濱臨波羅的海的**加里寧格勒**地區，便成了相當重要的不凍港。

加里寧格勒是位於波蘭和立陶宛之間的俄羅斯飛地（在某個地理區劃境內有一塊隸屬於他地的區域）。它地處距俄羅斯本土相當遙遠的西方，而且面向海域。俄羅斯以西的歐洲是一整片溫帶海洋性氣候地帶，冬季不會像俄羅斯那般嚴寒。

加里寧格勒同樣是**溫帶海洋性氣候**，換言之屬於**溫帶**。溫帶即使在最寒冷的月分，氣溫也不會掉到負3℃以下，海水不會凍結。如今，加里寧格勒是俄羅斯波羅的海艦隊總司令部所在地，儼然成了舉足輕重的海軍據點。

加里寧格勒成為俄羅斯飛地的緣由

為何會出現像這樣的飛地呢？

在討論第二次世界大戰該如何結算的**波茨坦會議**上，蘇聯強烈要求應將曾是德國領土的柯尼斯堡變成蘇聯的不凍港，該地因而成為蘇聯領土，並在蘇聯解體後成為俄羅斯領土。

蘇聯時期，俄羅斯跟加里寧格勒之間銜著白俄羅斯和波羅的海三小國之一的立陶宛。其後波羅的海三小國脫離蘇聯，並在二〇〇四年五月跟波蘭同時加入歐盟，**就俄羅斯的角度，加里寧格勒因而成了被歐盟阻斷的飛地狀態**。

不僅如此，波蘭在一九九九年、立陶宛則在二〇〇四年加入北約，因此無論在政治或軍事方面，加里寧格勒都跟俄羅斯處於分隔狀態。

沙洲維斯瓦沙嘴的天然缺陷

不過反過來看，**這個阻斷狀態對歐盟方來說也是一樣**。

在前蘇聯成員國之中相對親俄的白俄羅斯，距離加里寧格勒僅有約九十六公里①。若俄羅斯對兩者之間的地帶取得控制權，波羅的海三小國便可能面臨孤立危機，因此該地被視為歐盟要害之地、歐盟致命弱點。

①該區域屬於波蘭與立陶宛之邊界，倘若落入俄羅斯手中，則俄羅斯所掌控的加里寧格勒便會與親俄的白俄羅斯直接連起，導致波羅的海三小國與歐盟地區完全分開。

近年，波蘭、立陶宛邊境附近的蘇瓦烏基走廊，緊張情勢正在升高。北約方舉行軍事演習，俄羅斯和白俄羅斯方也舉行了聯合軍演。

讓我們進一步看看加里寧格勒周遭的地形條件，仔細觀察地圖，會發現加里寧格勒兩旁有綿長的**沙洲**。這種長度的沙洲，即使放眼全球仍屬罕見。從立陶宛綿延至加里寧格勒的庫爾斯沙嘴，目前已被列為世界遺產。

這類沙洲推測是由昔日冰河消退後，所留下的沙粒堆積物**冰磧**，以及波羅的海潮汐帶來的沿岸流所形成。但此處提到的沙洲之於波蘭，卻像是場惡作劇。

綿延於波蘭和加里寧格勒之間的維斯瓦沙嘴[②]，在波蘭和加里寧格勒沿岸，圍出了一個巨大的**潟湖**。這座潟湖的天然出口，只位在屬於俄羅斯領土的那一側。

因此，這座潟湖實質上處於俄羅斯大型軍事據點加里寧格勒的監控之下。長年以來，欲從波蘭東北沿岸航向波羅的海的船隻，都要取得俄羅斯許可才能通過。

基於這個情形，波蘭已經投入鉅額資金挖掘運河，以在維斯瓦沙嘴上製造人工出口。運河已在二〇二二年九月開通，未來要讓大型船隻也能通過。

---

②在加里寧格勒沿岸有兩條顯著的長沙洲，北側由庫爾斯沙嘴與立陶宛相連，南側則由維斯瓦沙嘴與波蘭相連。

俄羅斯飛地加里寧格勒

俄羅斯飛地
加里寧格勒
俄羅斯

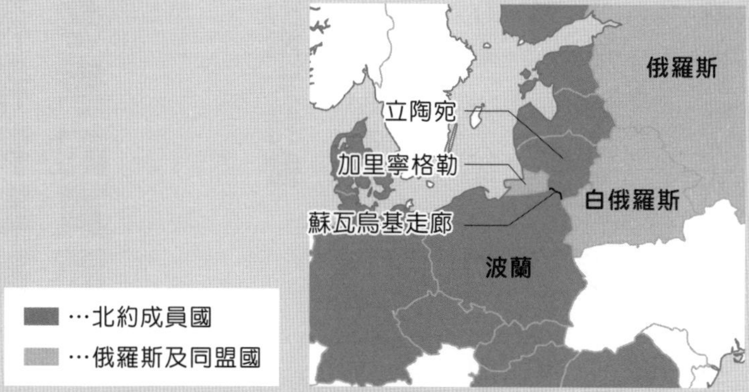
…北約成員國
…俄羅斯及同盟國
俄羅斯
立陶宛
加里寧格勒
白俄羅斯
蘇瓦烏基走廊
波蘭

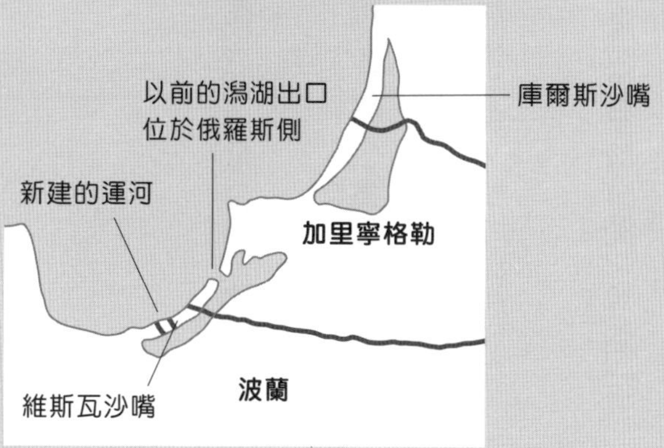
以前的潟湖出口
位於俄羅斯側
庫爾斯沙嘴
新建的運河
加里寧格勒
維斯瓦沙嘴
波蘭

Number

16

近代

拿破崙和希特勒都上當！俄羅斯冬季的真面目

世界史關鍵字

拿破崙戰爭、德蘇戰爭、蒙古帝國

地理關鍵字

大陸性氣候、西風

形塑俄羅斯歷史的兩大特徵

俄羅斯是具有寒冷、遼闊兩大特徵的國家，這兩項特徵形塑出俄羅斯一路以來的歷史。

其中尤其是將俄羅斯（蘇聯）逼入危急存亡之秋的兩場防衛戰：**拿破崙戰爭**及第二次世界大戰中的**德蘇戰爭**——俄國稱為衛國戰爭和偉大衛國戰爭——讓俄羅斯付出極大的代價。哪怕強敵當前，眾將士仍堅守國土直到最後一刻，如今已經成為俄國人愛國精神的代表事蹟。

在這兩場戰爭中，俄羅斯面對敵人大軍壓境，一邊撤退一邊爭取時間。等退回遼闊國土的內陸之後，再選在嚴冬降臨時展開反擊。這番戰略導致法德兩軍被困在天寒地凍的俄羅斯深處，被迫持續著進退不得的苦戰。

俄羅斯的冬季人稱「冬將軍」，習慣嚴寒的俄軍將其視為一股強大的助力。當然，俄羅斯很冷是天下皆知的事實。因此各國自然也都選在夏季期間發起軍事行動，盤算著趁天氣溫暖攻下莫斯科。儘管如此，每個國家都以失敗告終。

只要試著從地理角度剖析俄羅斯的冬將軍，氣候的本質就會變得更加清晰。

法、德、俄的夏季氣溫都一樣

試著比較巴黎、柏林和莫斯科七月的平均氣溫，巴黎二〇・四度，柏林二〇・一度，莫斯科則為十九・七度。

光看數字沒有太大的差別。對於當時心知「俄羅斯是寒冷國家」的法德兩軍而言，想必會覺得夏季行軍的溫度比想像中溫暖。

但若試著比較一月的平均氣溫，巴黎四・六度，柏林一・二度，莫斯科則是負六・二度。**「夏季氣溫明明差不多，冬季氣溫卻比較冷」，正是這樣的溫差導致了「冬將軍」的逆襲**。

再來看看年均溫，莫斯科從十一月二十日到三月七日的單日最高溫一直都低於冰點。一整天都在零度以下的日子連續一百多天——這種環境對進攻的士兵而言，是極度的酷寒。

因為俄羅斯夏天比想像中溫暖而掉以輕心的士兵們，終將在冬將軍的面前付出慘痛代價。

俄羅斯冬季寒冷的原因

為什麼莫斯科的夏季氣溫明明和歐洲國家差不多，到了冬季卻比較冷呢？其中一個原因是，**莫斯科位處內陸，屬於大陸性氣候**。

陸地具有易冷易熱，海洋則是難冷難熱的特性，所以距海洋越遠的內陸，冷暖溫差就越大。此外由於內陸乾燥，水蒸氣來源少，地表的熱能又容易散逸，導致冬季更寒冷。一路守護著俄羅斯的冬將軍，真實身分就是**大陸性氣候**的劇烈溫差。

不僅如此，在北緯約三十至六十度之間的區塊吹拂**西風**。歐洲的西風會經大西洋吹向歐陸。因此，歐洲西側受西風劇烈影響，難冷難熱的海洋（大西洋）特性較為強烈；歐洲東側受西風影響偏弱，易冷易熱的大陸特性會更強烈。西風的影響，同樣導致巴黎、柏林與莫斯科之間產生溫差。

更內陸的蒙古軍隊

俄羅斯軍隊雖然坐擁冬將軍這個強大靠山，卻也有因冬將軍吃下敗仗的案例。事情發生在十三世紀，**蒙古帝國**入侵俄羅斯。蒙古比俄羅斯位於歐洲更東側也更內陸，因此冬季的寒冷加倍嚴峻。

根據記載，蒙古軍隊是在十一月至三月的嚴冬時期入侵俄羅斯。蒙古騎兵軍團完全不把俄羅斯的冬季放在眼裡，輕而易舉就跨越凍結的河川入侵俄羅斯，成功將俄羅斯納入統治版圖。

越往東，氣溫越低

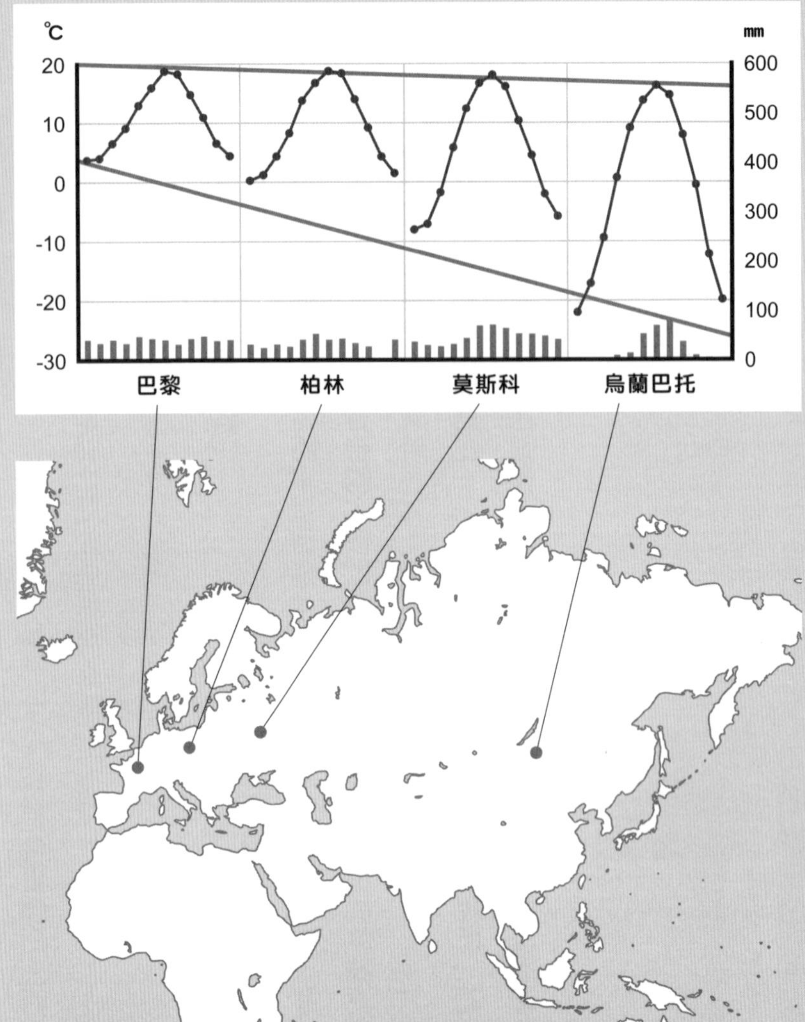

最高氣溫相去不遠，但最低氣溫越東越低。

↓

逐漸轉為大陸特性較強的大陸性氣候。

Number
17
近代

動畫《小天使》裡，小蓮的祖父曾是傭兵？

世界史關鍵字

民族之春

地理關鍵字

移牧、放牧場（Alm/Alp）

逐水草而居的移牧

我們在高中地理課會學到各式各樣的農業型態，其中一種就是**移牧**。這種農業型態會在牧羊和酪農時一邊循著牧草移動，一邊飼養家畜。

在西班牙可以見到長距離的移牧活動，夏季時在北部山地養羊，冬季時則到南部養羊，有時還需要移動逾五百公里。

夏季時地中海沿岸炎熱乾燥，因此牧人會移動到降雨量較多的北部山區畜牧；冬季降雨量足夠，則移動到溫暖的南部畜牧。

西班牙的這種移牧活動，可說是在地中海型氣候夏季炎熱乾燥、冬季降水量多的強烈影響下，所出現的農業型態。

西班牙的移牧是橫跨數百公里的平面式移牧，但其實也可以**利用海拔高度差異，進行垂直方向的移牧**。最典型案例，就是瑞士等國在阿爾卑斯山上的移牧。

阿爾卑斯山的高原在夏季時有整片草地，可當絕佳的放牧場地；冬季時則會被雪冰封，導致無法放牧，大家不妨想像一下滑雪場的夏季和冬季差異。

因此，牧人在夏季時會在高原的草地上飼養家畜，並割下牧草存放；夏初、秋季時讓家畜在海拔稍低的牧草地上吃草；冬季時則在山麓的村莊餵家畜吃乾草，如此持續循環。看起來就像是在一年內上山又下山，採取垂直式的移牧型態。

小蓮故事中的夏季放牧場

說到瑞士的阿爾卑斯山，相信不少人都會想到動畫《小天使》。這部名作描述小蓮在阿爾卑斯山美麗的大自然中成長，故事舞臺正是以阿爾卑斯山的移牧為基礎背景。

故事開場，失去雙親而跟姨母同住的小蓮，來到了名為阿蒙治的祖父身邊寄宿。阿蒙治住在放牧場的山中小屋，**放牧場一詞指的就是夏季的牧草地**。山中小屋是人們在照顧夏季移牧牛羊時的住處。

此外，牧羊少年小豆子後來跟小蓮成為朋友。他會幫山下村莊的人們代顧山羊，在夏季期間來到放牧場飼養山羊，等到冬季再返回山下。小蓮的故事基調，便是描繪這樣的移牧情形。

移牧是整個故事的核心背景

動畫中小蓮的祖父被山下村莊（地爾夫利村）的民眾視為一個怪人，其中有一幕是地爾夫利村的孩子們在奚落小蓮祖父，說他「大冬天了還待在那麼高的山上，真是個怪人」。

一般移牧的循環方式，應是「夏天在山上，冬天在山下村莊」的型態，因此孩子們才會說這樣很怪。故事中描寫到，因為這個原因導致小蓮一直待在山上，沒辦法去上學，而被村莊的孩子們瞧不起。正因這部動畫是以移牧為其背景，才會出現這樣的臺詞。

小蓮祖父被捲入近代的戰事

讓我們再更深入探討《小天使》與真實歷史的關係。在小蓮前往放牧場的途中，地爾夫利村的居民提到「聽說放牧場的阿蒙治，在年輕時殺過人」，之所以有這段描寫，是因為原作中的小蓮祖父曾在拿坡里擔任傭兵。

作者在一八八〇年發表的《海蒂的學徒和旅行年代》，是阿爾卑斯山少女的故事原型。假設兩部小說刻畫了相同的時代背景，那麼小蓮祖父可能在十九世紀初葉參加過某些戰爭。

回顧當時，相當接近自由主義和民族主義來勢洶洶的**民族之春**時代。假使小蓮的祖父在那時曾以雇傭兵的身分參戰，說不定也曾與體制站在同一陣線，擔任負責鎮壓叛亂的大眾敵人。

對擁有這般黑暗過去的阿蒙治而言，遠離人煙的放牧場，無疑是恰到好處的居住地點。

移牧

伊比利半島的移牧

夏季：
躲避南部的高溫乾燥，
到北部山區放牧。

每年移動橫跨
數百公里

冬季：
在多雨溫暖的南部放牧。

阿爾卑斯山的移牧

夏季：在放牧場（高山放牧地）放牧。

邊移動邊放牧，
夏季時先割下乾草備用。

冬季：在山下村莊餵乾草飼養牛羊。

Number

18

近代

希特勒也曾想得到烏克蘭的「奇蹟之土」

世界史關鍵字

第二次世界大戰、德蘇戰爭、希特勒

地理關鍵字

荒地（Heide）、半乾燥氣候、黑土、黑鈣土（Chernozem）

烏克蘭是全球數一數二的穀物出口國

俄羅斯在二〇二二年二月入侵烏克蘭，是件震撼全球的大新聞。此事帶來的人道災害自不待言，對全球經濟同樣造成重創，使原油、穀物價格紛紛上漲。**烏克蘭是全球數一數二的穀物出口國。烏克蘭出口停滯，已經導致穀物價格飛升、糧食危機爆發機率升高等狀況**。國際社會已經要求俄羅斯不得妨礙烏克蘭出口穀物。

此外別說出口了，由於烏克蘭南部淪為戰場，許多農場就連穀物都生產不了，穀物生產量本來就已經變少。

「奇蹟之土」是怎麼形成的？

正如前述，從烏克蘭延伸至俄羅斯的整片**黑土**地區，是足以撼動全球穀物價格的大型糧倉地帶。此地的黑土稱為「**黑鈣土**」（Chernozem），又名奇蹟之土、土之帝王，是非常富饒的土壤。

那麼這種肥沃的土壤，又是如何形成的呢？從烏克蘭南部到俄羅斯這整片區域，是屬於**半乾燥氣候**的乾燥地帶。半乾燥氣候雖然乾燥到長不出樹木，卻仍具有一定的降雨量，因此能夠長出草來。

進一步細看，半乾燥氣候可再分成類似沙漠氣候的少雨類型，以及類似濕潤氣候，雨量稍多一些的類型。其中，**較類似濕潤氣候的半乾燥氣候，就會孕育出世界級的重要糧倉地帶**。

降雨量偏多的半乾燥氣候濕度適宜，草會生長也會枯萎，經過微生物分解後，就會形成偏黑的腐葉土。接著進入下一年，草會再度生長，經分解後化為腐葉土，如此持續循環。半乾燥氣候的降雨不會強到沖走土壤，因此腐葉土會層層堆積，長年下來就累積成了養分充足的土壤層。

如此富饒的大地如今淪為戰場，想見未來將會殘留未爆彈和地雷，導致多年都無法實施農業，無非是全球的一大損失。

希特勒曾經盯上黑土

有段小故事應該可以幫助大家理解，富含養分的土之帝王具有多少價值。**第二次世界大戰**的**德蘇戰爭**中，據說**希特勒**在侵略烏克蘭之際曾經張羅貨車，想將黑鈣土運回德國。

德國的平原部分在過去曾覆蓋著冰河，冰河侵蝕帶走了具有養分的土壤，徒留一大片稱為**荒地**（Heide）的貧瘠土地。希特勒試圖帶走烏克蘭的土壤，便是為了讓德國也能歲稔年豐。

這個小故事出處不明，僅是經常聽到的傳聞。但我們很難斷言這個故事絕對是假的，畢竟如今也有國家為了保護黑土不流向國外，而特地為此制定法律——**中華人民共和國，就在二〇二二年制定了《黑土地保護法》**。

中國國家主席習近平為求保全中國北部草原地區的黑土，而將中國的黑土稱為

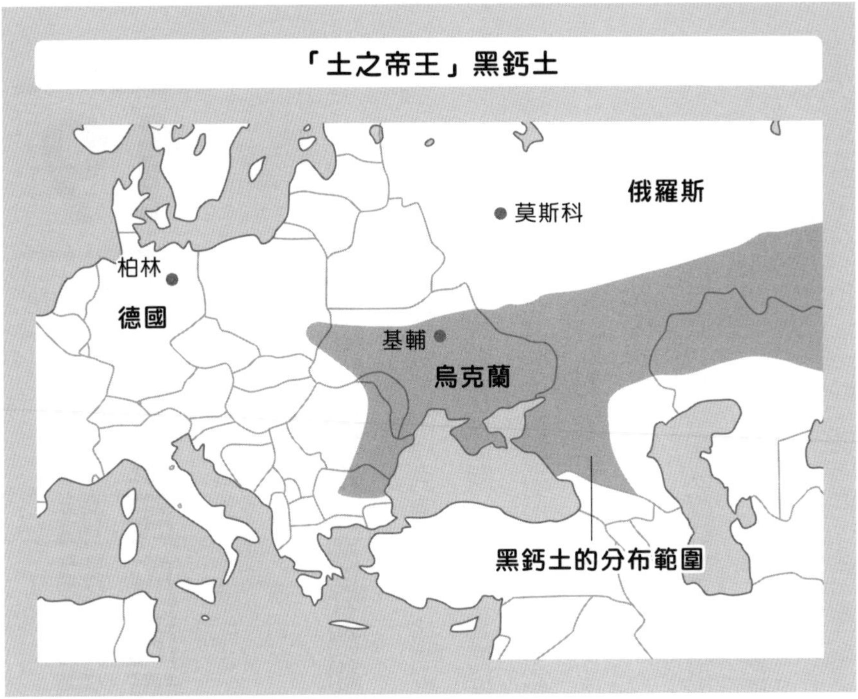

「耕地中的大貓熊」，透過立法將保護黑土訂為義務。

這項決定除了守護耕地之外，也意在透過禁止盜採黑土及不當買賣，來防止黑土流向國外。不僅產物和技術，就連土壤也能透過法律來保護，實在相當值得玩味。

Number

19

近代

為何俄羅斯周圍好發民族問題？

世界史關鍵字

蘇維埃聯邦、俄羅斯共和國、蘇聯經濟改革（Косыгинская реформа）

地理關鍵字

國界糾紛、民族問題

俄羅斯周圍常見國界糾紛和民族問題

以俄羅斯入侵烏克蘭為首，諸如車臣問題、南奧塞提亞問題……俄羅斯似乎常和**國界糾紛**與**民族問題**沾上邊。為何俄羅斯周圍總是容易發生這類狀況呢？

昔日蘇聯及俄羅斯所具有的多重結構，正是釀出問題的原因所在。從一九二二年持續至一九九一年的**蘇維埃聯邦**，是由十五個成員國所組成的聯邦國家，其中最大的一個就是**俄羅斯共和國**。

俄羅斯共和國在蘇聯解體後改稱俄羅斯聯邦，同樣由近五十個州和二十多個共和國所構成。換言之，蘇聯時代的蘇聯本就是聯邦，其中的俄羅斯在實質上亦是一個聯邦。

俄羅斯特產一種著名的疊套人偶俄羅斯娃娃，**蘇聯（俄羅斯）正如俄羅斯娃娃般，在聯邦中有聯邦的國家**。

俄裔人民混居在各蘇聯成員國內

這樣的組成結構，成了俄羅斯民族問題的根源。在蘇聯還被世人認知為一個國家時，俄羅斯人民想必曾在許多共和國內來去，甚至定居。即使是在今日的俄羅斯聯邦裡頭，俄羅斯人的分布與居住範圍同樣非常分散。

不過當蘇聯一解體，這種結構就衍生各種問題。蘇聯分裂後，**居住於各共和國的俄羅斯人在轉瞬間就成了各共和國內的少數**。俄羅斯侵略烏克蘭便是近代史上一個代表性的例子——俄羅斯入侵烏克蘭所打出的旗號，正是為了保護在烏克蘭的少數俄裔居民。

民族共和國、自治州紛紛欲從俄羅斯聯邦自立門戶

接著來談談蘇維埃聯邦的十五個成員國，在蘇聯解體後，它們各自獨立成為共和國。**隨著這些共和國高唱獨立，各成員國內的民族共和國、自治州的民族意識也日漸高升，認為「既然其他共和國都獨立了，那我們也想獨立」，開始要求自立門戶**，此動向與當時蘇聯所實施的**經濟改革**背景有關。隨著資訊對大眾公開，且部分言論自由受到認可，人民的心聲得以浮上檯面。

其中包括車臣共和國欲從俄羅斯聯邦獨立，卻受到俄羅斯鎮壓；阿布哈茲、南奧塞提亞欲自喬治亞獨立；納戈爾諾－卡拉巴赫因亞美尼亞裔居民占多數，因此想脫離亞塞拜然並回歸亞美尼亞等。

其中尤其阿布哈茲向來受到俄羅斯的強烈影響，在政治、經濟方面都已逐漸俄羅斯化。

俄羅斯各民族如「俄羅斯娃娃」般層層疊套

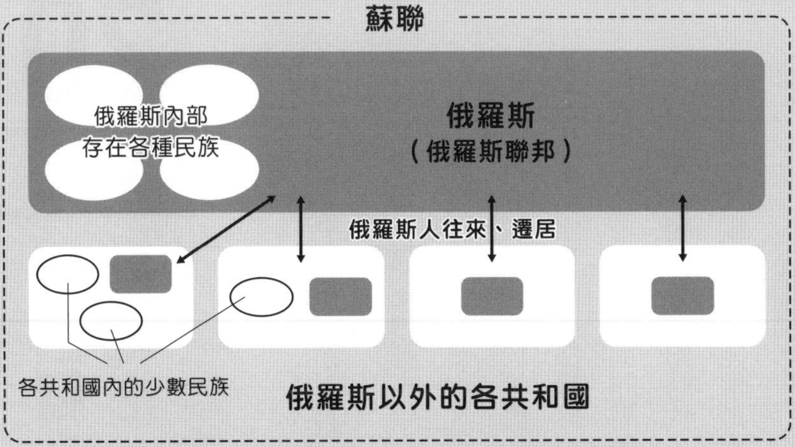

蘇聯解體

民族問題叢生

- 各共和國獨立後，俄羅斯裔居民成為少數。
- 各共和國內的不同民族，也想仿效尋求獨立。

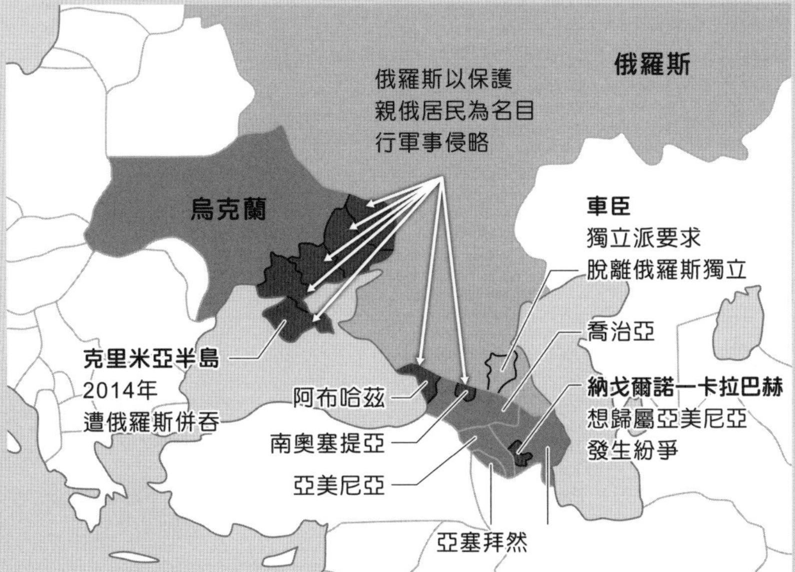

Number

20

近代

法國躍升歐洲大國的關鍵是地形！

世界史關鍵字
馬其諾防線

地理關鍵字
單面山地形

法國曾是歐洲的核心要角

在高中世界史的課本中，若談到長期稱霸歐洲的大國，自然非法國莫屬。法國以豐饒的農業生產力為本，長期扮演西歐的核心角色。

中世紀時，相較於還處於分裂狀態的德國和義大利，以及名目上臣屬於法國王室的英國王室，法國都處於更優越的地位。到了近世，法國亦由波旁家族把持強大的君權，並會介入他國的戰爭。

而在法國大革命的時代，拿破崙統治了歐洲大陸，法國持續扮演著歐洲歷史上的主角。法國之所以能像這樣持續穩坐歐洲大國之位，除了豐饒的生產力之外，其實地形是一大要因。

「單面山」成為守住法國的防線

將法國推上歐洲大國寶座的地形，就是大規模的**單面山地形**。單面山是因水平堆積的地層略微傾斜，經風雨長年侵蝕後，柔軟地層被大幅侵蝕，只留下堅硬地層，使得緩坡和陡坡輪流出現的獨特地形。

巴黎附近的大規模單面山地形，就是一個代表性的例子。其範圍甚廣，一路從法國北部延伸至德國邊界。

此外以巴黎為中心點，也可以觀察到同心圓狀的單面山地形。農業國家法國會將這種土地區分用途，在緩坡上種植小麥、陡坡上則種植葡萄。單面山於是成了將法國推上大國寶座的防線。

單面山的緩坡朝向巴黎，陡坡則朝向外側。言下之意即是，若想防禦巴黎，只要在陡坡丘陵上建構防線，就能居高俯視企圖爬上來的敵人，一邊發動攻擊。**法國能一直維持大國地位，正是因為有單面山強大的防禦能力撐腰**。

單面山防線在第二次世界大戰卻失效

法國為了第二次世界大戰所建造的**馬其諾防線，同樣活用了單面山地形的優勢**。法國在單面山的丘陵上設置要塞，試圖防止德國進攻。綿延四百公里的防線，成為當時法國防禦力量的象徵。

然而當戰爭開打，德軍卻是選擇從位於比利時邊界的亞爾丁丘陵地區攻來。亞爾丁被森林覆蓋，咸認難以部署大規模軍力，因此法國並未在此地建造充分的防禦基地，只配置了實力較弱的軍隊。

德國因而讓帶著戰車的部隊集中突破亞爾丁森林，再往馬其諾戰線投入空中戰力，最終奇襲成功。法國最強防線失去效用，不到一年時間就對德國投降，馬其諾線因而在戰後被稱為無用之物。

守護巴黎的單面山地形

單面山

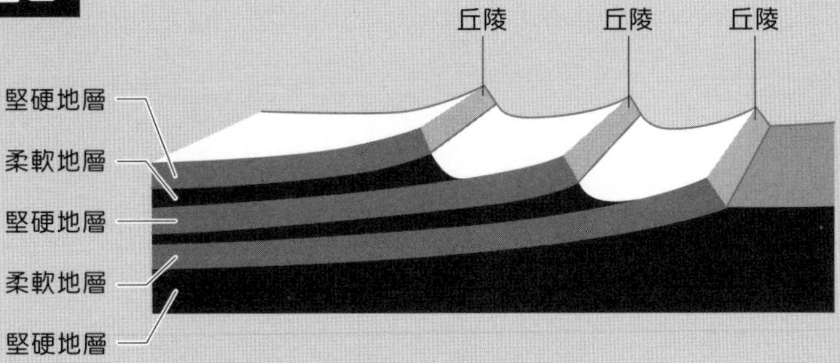

堅硬地層和柔軟地層交互堆積。

↓

因受侵蝕程度不同，
形成緩坡、陡坡交互出現的獨特地形。

巴黎盆地的單面山

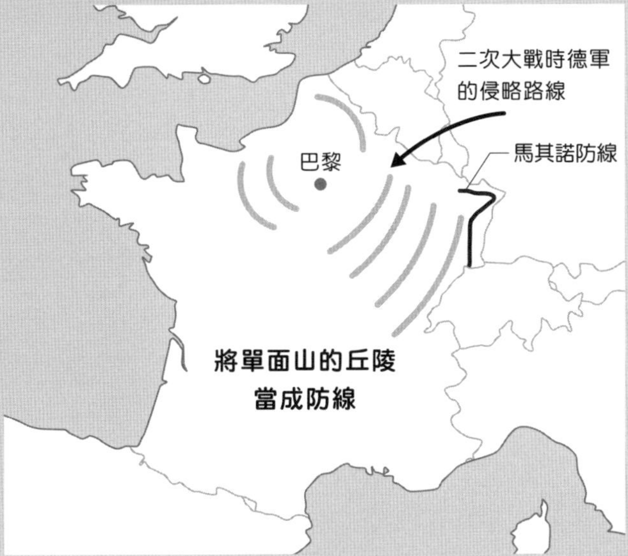

第2章 南北美洲

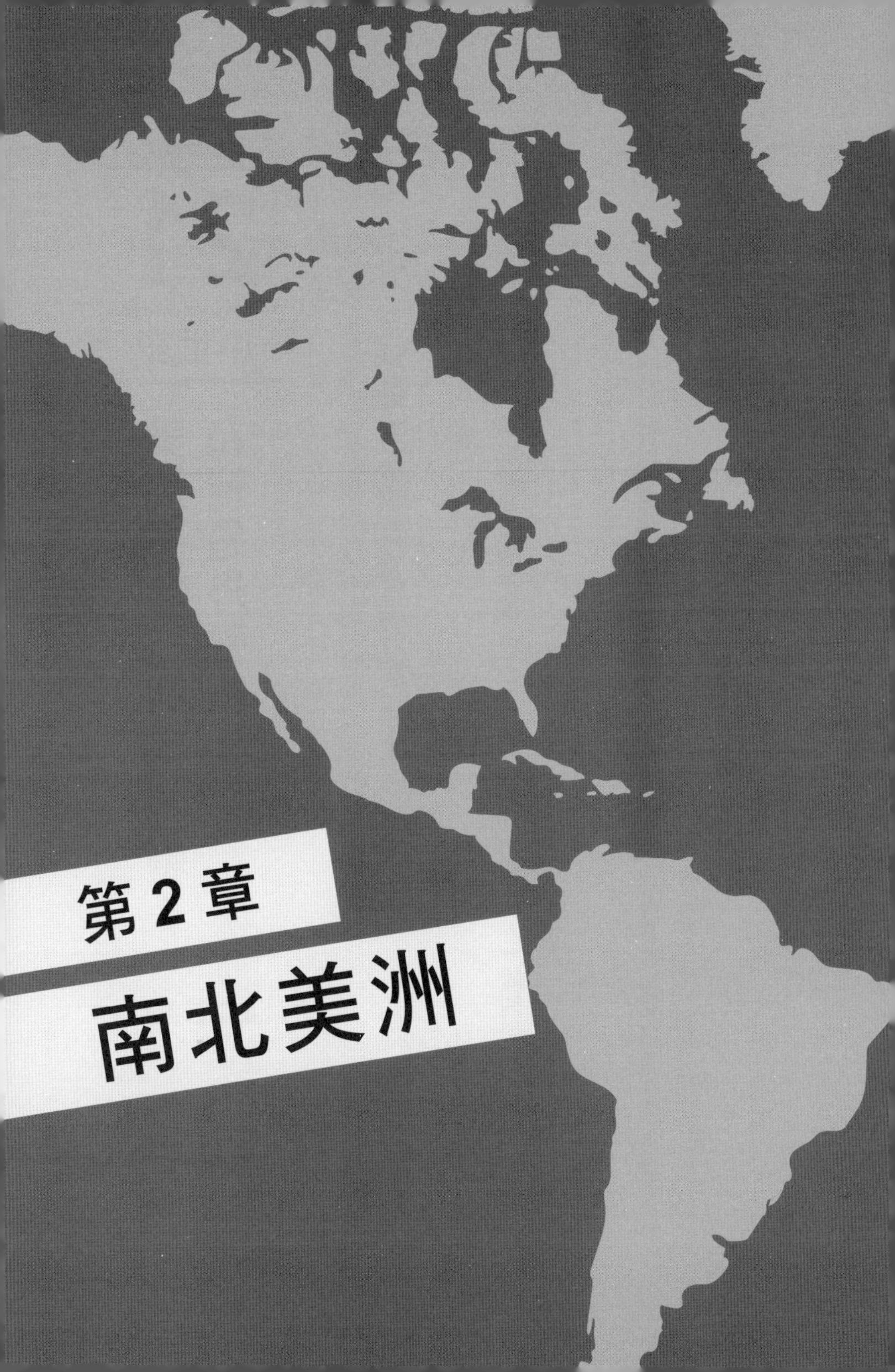

Number

21

中世紀

美洲東北方的格陵蘭，為何是丹麥領土？

世界史關鍵字

維京人、歐洲共同體（EC）

地理關鍵字

格陵蘭、全球暖化、極地冰原氣候、極地苔原氣候、大陸冰河

全球最大島嶼其實是丹麥領土

說起世界上最大的島嶼，大家會想到哪裡呢？雖然國際間並沒有明確定義，但在慣例上，**面積大於澳洲的會稱為大陸；面積不及澳洲的，一般則稱為「島嶼」**。如此一來，全球最大島便是位於北美大陸東北方的**格陵蘭**。相信許多人聽到這個大島嶼其實是歐洲國家丹麥的領土時，都會感到相當意外。

在十世紀左右，**維京人**從冰島渡海抵達格陵蘭並定居下來，當地也有長期居住的本土居民。十三世紀，格陵蘭受挪威統治，隨後因挪威被丹麥統治，格陵蘭也變成丹麥的領土。

丹麥將人民正式送至格陵蘭定居，則是十九世紀以後的事情了。

格陵蘭的獨立聲浪從未平息

時至今日，丹麥已經給予了格陵蘭極大的自治權。因此，格陵蘭雖然是丹麥領土，卻有權跟丹麥做出不同的選擇，例如**獨自退出丹麥所屬的歐洲共同體（EC，歐盟前身）**等。而在格陵蘭內部，脫離丹麥獨立的聲浪向來都很強勁。

格陵蘭離母國丹麥相當遙遠，其實更接近北美大陸。從貿易額就能看出，雖然格陵蘭對丹麥的進出口比例相對偏高，近年對美國、加拿大的貿易額也逐漸增加。

另外第二次世界大戰期間，在母國丹麥遭納粹德國占領後，格陵蘭曾接受過美國的保護。在冷戰時期，美國也在格陵蘭設置了基地。不僅經濟層面，包括軍事層面，格陵蘭與加拿大、美國的連結都在逐日增強。

全球暖化助長獨立聲浪

有鑑於此，格陵蘭脫離丹麥的意志日漸強烈，近年的**全球暖化**更是為獨立議題推波助瀾。

大家通常都認為暖化會對全球環境帶來惡劣影響，但在格陵蘭，其實不少人都對暖化抱持著好感。

格陵蘭的國土幾乎全部屬於**極地冰原氣候**、**極地苔原氣候**等寒帶氣候，被遼闊的**大陸冰河**覆蓋。全球暖化導致冰河融化後，格陵蘭將能更輕易地開發據說沉眠於地底的稀土等資源，而現今僅有極少地方能夠實施的農業活動，也能獲得更遼闊的施作面積。若冰封期間縮短，其主要產業——漁業——的作業時間還能拉得更長。

許多人都認為暖化或許能夠加強格陵蘭未來獨立時所需的經濟能力，因此部分格陵蘭人才會強烈抱持著期待全球暖化的想法。

格陵蘭與丹麥

格陵蘭

- 位置鄰近北美大陸，經濟、軍事上跟美國、加拿大日漸緊密。
- 樂見暖化的論調：期待藉全球暖化的改變邁向獨立。

格陵蘭

面積：2,166,000 km²（約為丹麥的50倍）

人口：5萬7千人（約為丹麥的百分之一）

丹麥

面積：42,952 km²

人口：586萬人

Number

22

近世

地理大發現時代的西班牙，為何積極建立殖民地？

世界史關鍵字

地理大發現時代、殖民中南美洲、石見銀山（大森銀山）

地理關鍵字

新期造山帶、環太平洋造山帶

中南美出現銀、銅生產國的比例極高

金、銀、銅是全球歷史上用來製造貨幣的高價值金屬。如今除了貨幣，它們也已成為各產業不可或缺的工業原料。

在大量生產銀、銅的國家當中，銀產量排名依序為墨西哥、中國、祕魯、智利和俄羅斯；銅產量排名則為智利、祕魯、中國、剛果民主共和國和美國。

面積遼闊的國家產量自然就多，但諸如墨西哥、祕魯和智利這些過去曾被西班牙統治的中南美洲國家，也占了很高的比例。

當時西班牙人篤信的黃金國傳說

西班牙探險家深深相信著黃金國（El Dorado）傳說而積極尋覓，正是此事背後的一個原因。該傳說描述在南美大陸叢林深處有座隱密的城市，生活其中的人們坐擁用之不竭的黃金。

從**地理大發現時代**開始，著迷於黃金國傳說的西班牙人，為了尋找傳說中位於南美大陸深處的黃金國「El Dorado」而頻繁出入中南美洲，並在這些地方建立殖民地。

征服者們在控制印加王國及阿茲特克王國後確實取得了大量金銀，這也被視為黃金國就在這塊土地上的證據。西班牙曾在殖民地上大肆開發礦山，這項傳統一路保留下來，因此這些地方至今仍然盛行開採銀銅。

中南美洲能採到金、銀、銅的原因

中南美洲在靠太平洋側尤其能採到大量的金銀銅，除了傳說的影響之外，也有地理因素——**此地屬於新期造山帶，位於環太平洋造山帶之上**。

新期造山帶是位於板塊交界，好發火山活動和地震的地區。這些地區的水分受岩漿活動加熱而活躍移動，將岩漿及岩石中所含的金、銀、銅成分帶入水中。溶有金、銀、銅成分的水，滲進岩盤的裂口和縫隙之中，在靠近地表後冷卻下來，金屬成分沉澱凝固，就成為礦床。因此新期造山帶在地表附近有礦床，容易取得金和銀。

在有經過加熱的水，也就是有溫泉的地方，就容易形成金銀的礦床。言下之意，在日本應該也能採得豐富的金銀礦。在戰國和江戶時代大舉開發的佐渡金山、**石見銀山**皆是經典的案例。據說石見銀山的銀礦採掘量，甚至一度多達全球銀產量的三分之一。

現今的金礦生產趨勢，與銀礦不同

前面我們一直把金、銀、銅放在一起討論，但若觀察現今的金產量統計數據，雖說墨西哥排第六名、祕魯排第九名，其他名列前茅的國家其實都是如中國、澳

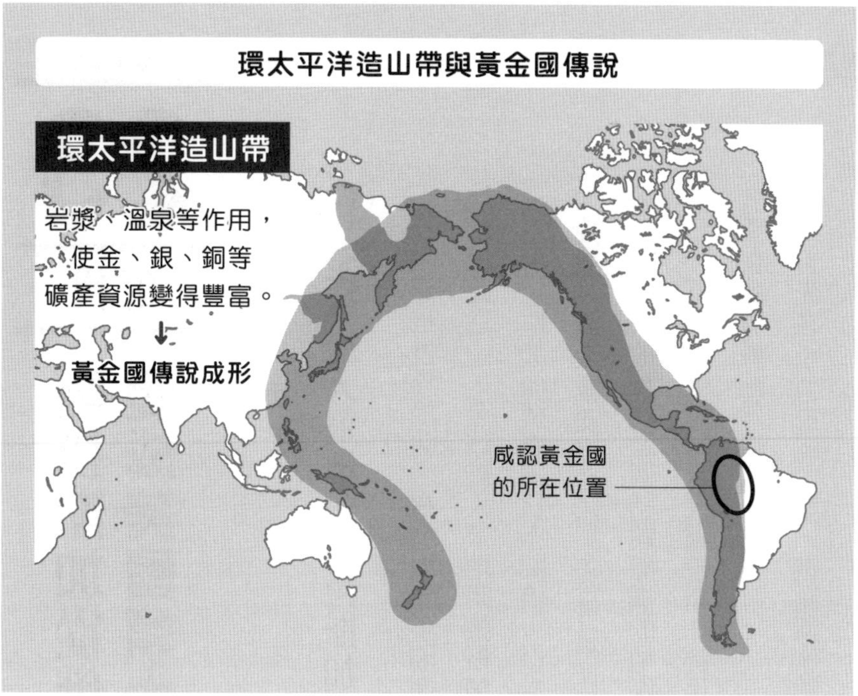
環太平洋造山帶與黃金國傳說
環太平洋造山帶
岩漿、溫泉等作用，
使金、銀、銅等
礦產資源變得豐富。
↓
黃金國傳說成形
咸認黃金國
的所在位置

洲、俄羅斯等國土遼闊、非位於新期造山帶地區的國家。

這是因為金是比銀更稀缺的金屬，全球總產量約為銀的八分之一，而過往位於環太平洋造山帶上的主要礦山，早就都已挖到枯竭了。

也因如此，國土面積廣大且具有一定經濟能力的國家，直接在廣闊土地上以露天採礦等方式一口氣開發大型礦山，成本將會低出許多。

Number

23

近代

阿拉斯加從俄國領土變成美國領土的真相

世界史關鍵字

克里米亞戰爭

地理關鍵字

阿拉斯加、人為國界、白令海峽

全球最大飛地，阿拉斯加

試觀察世界地圖，會發現除了前面提過的加里寧格勒之外，還有為數眾多的飛地。於此之中，全球最大飛地**阿拉斯加**又格外引人矚目。

阿拉斯加面積廣達日本四倍，以沿著西經一四一度劃設的綿長**人為國界**與加拿大接壤。最大城安克拉治，亦曾是從日本前往歐洲的轉機地點……從地理層面來看，阿拉斯加實在是個話題滿滿的地區。

一直到中世紀為止，阿拉斯加都是行狩獵、漁業等民族的居所，隨後俄羅斯才著手在此發展國營事業。

首先在十七世紀中期，俄羅斯帝國的探險家乘船抵達阿拉斯加。其後一七二八年，搭乘俄羅斯船隻的丹麥探險家白令前往阿拉斯加探險，據傳他命名了隔開歐亞大陸和美洲大陸的**白令海峽**。

一七九九年，俄羅斯宣告領有阿拉斯加並成立俄屬美洲。在阿拉斯加捕獲的海獺等動物毛皮，使俄羅斯大獲其利。

俄羅斯為了湊錢，賣掉阿拉斯加

為何曾是俄羅斯領土的阿拉斯加，最後會變成美國領土呢？

答案恐怕讓人有些意外——因為俄羅斯需要湊錢。俄羅斯在一八五三年開打的**克里米亞戰爭**中敗北後，便陷入財政困境。

此外，由於俄羅斯在克里米亞戰爭中對戰的英國在當時領有加拿大，若英國從跟阿拉斯加相連的加拿大攻打過來，為了防禦也會需要高額支出。**因此在一八六七年，俄羅斯決定將阿拉斯加賣給美國**。

當時俄羅斯究竟有多麼走投無路？我們可以從該次交易的金額窺知一二——據說每平方公里只賣了不到五美元，總額七百二十萬美元。換算成現在的日圓，僅約兩百億日圓。對現在的日本而言，只要每個日本人付個兩百日圓，就能買下約達日本四倍面積的領土，實在便宜得驚人。

不過當美國買下阿拉斯加時，其國內對於做出這個決定的美國國務卿卻是惡評如潮，批判這是「浪費錢」、「買了個大冰箱」。

阿拉斯加的經濟及軍事價值水漲船高

不過這類惡評，卻在進入二十世紀後被改稱為先見之明。

阿拉斯加位於新期造山帶中，相當於環太平洋造山帶的地區。新期造山帶附近可產出金、銀、原油等豐富資源，一八九六年阿拉斯加發現金礦，掀起了一波淘金潮。等到戰後發現石油田，阿拉斯加的價值又再大幅提升。

試想一下：**假使阿拉斯加至今仍是俄羅斯領土，加拿大和美國就會因陸地毗連而面臨強烈的軍事威脅，這對今日美國的安全保障體制，無疑也會造成巨大影響。**

當時國務卿決定購買阿拉斯加，對美國而言根本不算浪費，甚至稱得上是英明決策。

全球最大飛地阿拉斯加

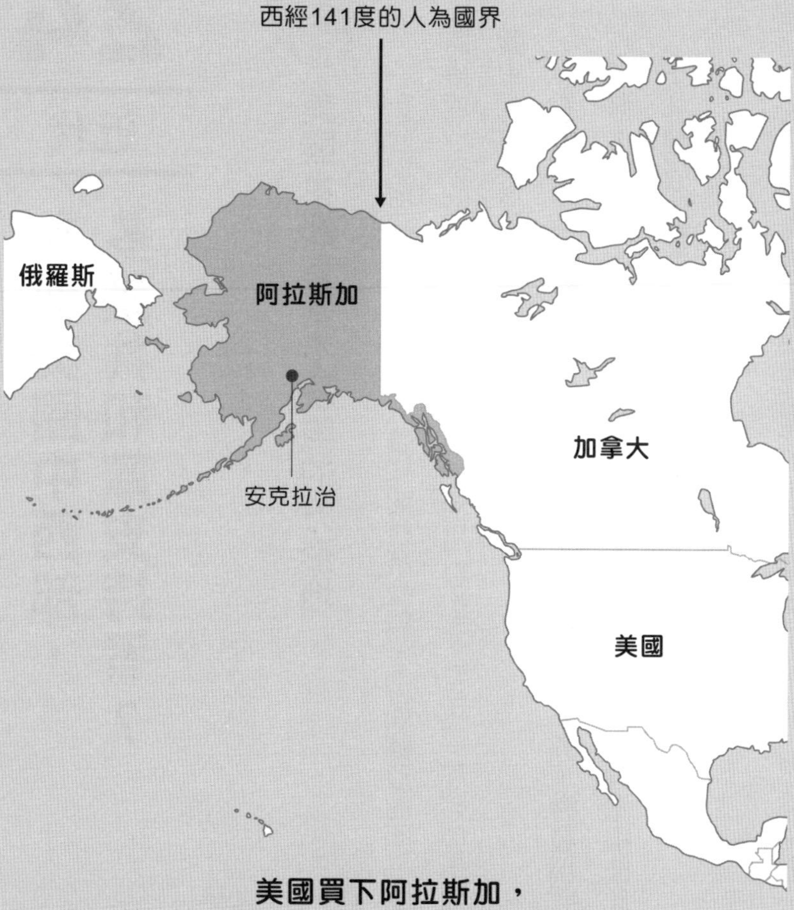

美國買下阿拉斯加，
從備受責難轉為盛讚連連。

俄羅斯因財政困難在一八六七年售予美國，阿拉斯加因而成為飛地。

↓

隨後發現金礦和油田，軍事價值同樣極高。

Number

24

近代

為何美國中西部，多是共和黨支持者？

世界史關鍵字

《公地放領法》、南北戰爭、林肯總統、共和黨

地理關鍵字

散村、小鎮

美國中部有多不勝數的方形地

在高中地理課會學到各式各樣的村落型態，例如圓形的叫「圓村」，房屋沿道路排成一排的叫「路村」……只要活用 Google Map 等地圖應用程式，就能從空照圖中查看形形色色的的村落形式。

若用地圖應用程式觀察美國愛荷華州附近的空照圖，會發現該處有不計其數的正方形土地區塊。仔細一看，每個區塊內都有住宅，而且還跟彼此相距甚遠。

此種房屋四散分布的村落型態，就稱為「**散村**」。

具有開墾史的村落型態

絕大部分散村都具有開墾的歷史。**政府將待開墾地分配給不同家戶單位後，民眾便移居至此，各自開墾土地，最終就形成了家家戶戶彼此分離的散村。**

在美國中部愛荷華州等處、加拿大南部都常見散村，在日本富山縣的礪波平原、島根縣的出雲平原也可見到散村。

小鎮隨著美國一同擴張

美國自獨立後便不斷透過購買、併購以獲得大量土地，領土日漸擴張。併購而得的領土在一開始曾是公有地，但後來漸漸也需要將這些土地分配給農民耕種來創造農地。

因此，美國政府將遼闊的土地切割後出售給農民，切割出的區塊就稱為**小鎮**（township）。

當時美國普遍使用的距離單位是英里。首先，切出一塊邊長六英里（約九・七公里）的正方形土地，並以此為基準。在這之中切割出三十六個邊長一英里的小範圍（於此之中，第十六塊會設置學校），一個區塊分配給四個家戶單位負責開墾。

根據這樣的分配方式，每個家庭約會分到邊長八百公尺的正方形土地，即一百六十英畝，約等於六十四萬平方公尺。

如此一來，在三十六平方英里土地上有一百四十戶農家的散村就誕生了，計算數字中包含一間學校。

南北戰爭促使西部拓荒一日千里

美國政府打的如意算盤是，只要持續將公有地切劃後分配給農民，尚須開墾的土地就會轉變為遼闊的農地，但事情的發展卻沒這麼順利。

政府最初採取有償的形式，也就是要農民付錢購買土地，但由於要價較為昂貴，其實不太有人願意購買。

曾親身經歷美國最大內戰**南北戰爭**的**林肯總統**，讓膠著的情況產生了變化。曾在南北戰爭中體驗過一番苦戰的他，在一八六二年制定了《**公地放領法**》。

《公地放領法》的內容為：若在未開墾的公有地上居住五年且執行農業，就可以無償獲得小鎮中的一單位——也就是一百六十英畝的土地。

最初這項法案曾受到美國南部的農園業者反對，數度成為廢案。富裕的南部業者希望利用奴隸來經營大規模農場，因此並不贊成增加中型規模自耕農的政策。

不過，後來美國南部在南北戰爭中脫離合眾國，《公地放領法》便在無人反對的情況下自議會通過，開始順利運作。畢竟這項法律規定只要在同一處耕作五年就能獲得該塊土地，西部農民於是開始盛行耕作。

獲得土地的農民，變得相當支持林肯等人所屬的共和黨，這也成了南北戰爭中支撐北軍得勝的基礎。直到這項制度在一九八六年告終前，《公地放領法》共給出高達一百六十萬塊土地，因此美國中部才會有一百六十萬個密集的方形田地。

美國中部農民，至今仍堅定支持共和黨

美國中部農民直到今日仍然強烈支持共和黨，此事可從今日美國兩大政黨的基本盤窺見蹤跡。

在美國總統大選中，傾向支持共和黨的州稱為紅州（Red State），傾向支持民主黨的州則稱藍州（Blue State）。**因《公地放領法》獲得土地，有許多正方形土地區域的州，剛好就是眾所周知的代表性紅州。**

影劇作品中呈現的美國歷史背景

不少戲劇、電影和文學作品，都曾將美國的開墾時期拿來當成故事背景，包括過去連日本都蔚為流行的電視劇《大草原上的小木屋》，以西部片為核心的電影等等，都曾採用過《公地放領法》的西部開墾史背景。

但我們也不能忘記，在無償提供土地的背後，同樣也存在著將美國原住民逐出土地的歷史。在制定《公地放領法》之後，原住民便被強行趕離、搬遷至特定居留地，從此被迫接受統治。

直到今天，原住民權利相關議題依舊是美國的一大課題。

小鎮與紅州

美國中西部存在著數不清的正方形土地區塊

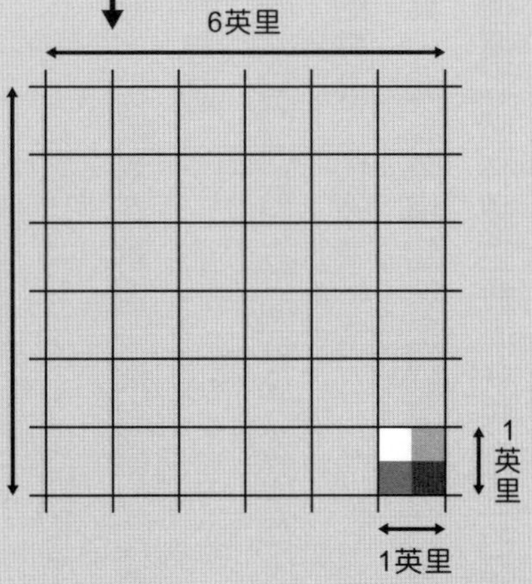

小鎮制度

將邊長6英里的正方形，
切割成36個區塊。
每個區塊分給4個農家耕作。
↓
形成家家戶戶各自獨立的散村。

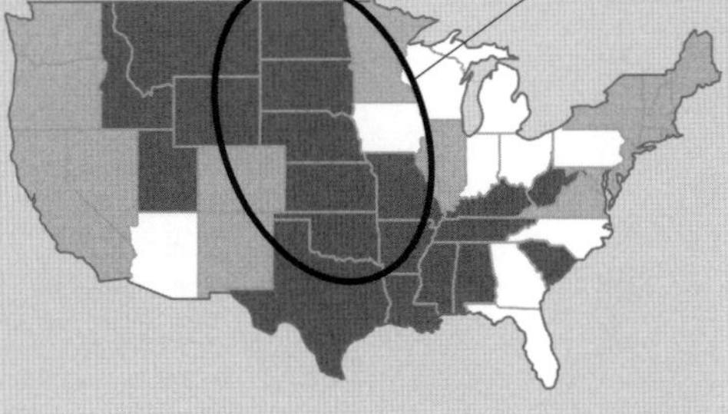

共和黨的政策
使小鎮越漸增長。
↓
美國中西部成為共和黨的鐵票倉。

…紅州（共和黨支持者偏多的州）

…藍州（民主黨支持者偏多的州）

Number

25

近代

曾是經濟強國的阿根廷，為何在短時間內一落千丈？

世界史關鍵字

第一次世界大戰

地理關鍵字

夏雨型暖溫帶氣候、半乾燥氣候、彭巴草原、青黃不接時期、散裝貨船、冷凍船、巴拿馬運河

從經濟強國跌落神壇的特殊國家

說起經濟強國，相信許多人都會想到日本、美國和中華人民共和國。除此之外，應該也有人會提及德國、法國等在歐盟中擁有雄厚經濟實力的國家，印度、巴西等國同樣也有強大的經濟力量。

不過，相信幾乎不會有人說阿根廷是個經濟強國吧，大多數人對阿根廷的印象，反倒是經濟時常崩盤的發展中國家。

實際上在二十世紀初葉，據說**阿根廷曾是經濟實力躋身全球前五名的國家**。其**經濟水準甚可匹敵法國、德國等因帝國主義而扶搖直上的歐洲列強**。

阿根廷目前的ＧＤＰ位居全球第二十三名，人均ＧＤＰ為全球第六十五名，有

時會被稱為「從經濟強國一落千丈的國家」。

全球數一數二的經濟強國在短短百年間就喪失地位，這樣的前車之鑑已經告訴我們，即使是現階段的經濟強國，同樣有可能守成不易。

為何曾經位居全球前五名的經濟強國阿根廷，會淪落到這樣的地步呢？

阿根廷的氣候有利於發展穀物生產及畜牧業

阿根廷的經濟由農業撐起一片天。直至今日，阿根廷的小麥產量仍居全球第十二名，包含小麥在內的穀物生產量為全球第六名，牛肉生產量則為全球第五名。

阿根廷國土核心部分的氣候屬於**夏雨型暖溫帶氣候**，或降雨量略多的**半乾燥氣候**。在這些氣候帶上有一片名為**彭巴**的遼闊草原，**廣大的草原可以留住一定程度的降雨，因此是最適合生產穀物和發展畜牧的環境**。

此外，阿根廷農業的優勢還包括位於南半球。南半球跟北半球的季節相反，剛好可以在北半球採收不了農作物的**青黃不接時期**出貨。

船隻改良使阿根廷經濟大躍進

接著在十九世紀的兩種船隻登場，為阿根廷的農業發展推波助瀾，那就是散裝貨船和冷凍船。

所謂的**散裝貨船**就是「散裝貨物的船隻」，這種船可承載未經捆包的穀物和礦石，直接散放堆疊於船艙中運送。

在那之前，人們向來會將穀物和礦石裝進木桶或袋子後再用船運輸。一八五二年問世的散裝貨船，則可將一批批未包裝的穀物高效率地倒進船艙，直接運送出國，橫渡大海。

法國在一八七〇年代發明**冷凍船**，英國則在一八八〇年改良得更加實用。在那之前，南半球畜牧業決定性的劣勢就是出口時必須橫越赤道。

我們可以想像在高溫潮濕的赤道上，只要行船時間略長，肉類就會腐敗殆盡。在冷凍船發明之前，南半球就算想將肉類出口至大量消費肉品的北半球國家，也只能以鹽醃肉或肉乾的形式出口。

拜氣候適合發展農業及造船技術進步所賜，阿根廷的農業一飛沖天。阿根廷獲得來自歐洲、美國的集中投資，經濟飛速發展。

其首都布宜諾斯艾利斯進化成美麗的城市，坐擁「南美的巴黎」美譽，使得不計其數的移民前往阿根廷。

戰爭和巴拿馬運河使經濟發展陷入停滯

然而，阿根廷的經濟就從此時開始進入動盪時期。這個轉變發生在一九一四年，**第一次世界大戰**在這年爆發，**巴拿馬運河**也在這年開通。

第一次大戰開打導致來自歐洲各國的投資中斷，巴拿馬運河竣工則使得美國西部跟歐洲間的航線大幅縮短，令依賴農作物出口的阿根廷經濟大受打擊。

緊接而來的全球經濟大恐慌，雖然未對阿根廷造成過大影響，其經濟狀況仍如一灘死水。

第二次世界大戰後發生經濟崩盤

第二次世界大戰後，阿根廷的經濟持續低迷。裴隆在戰後當上阿根廷總統，他所帶領的政權採行社會主義政策，由國家主導推進工業化。這雖然成功提升了工業產量，在裴隆失勢之後，政治情勢就開始不穩。

從一九六〇年代後期開始，手握大權的幾任總統**轉向貿易自由化政策，主要來自亞洲的海外工業製品一鼓作氣闖進阿根廷，打擊了缺乏價格競爭力的國內工業**。

接著，通貨膨脹跟工業蕭條一同發生。阿根廷為了彌補赤字而增加發行貨幣，國民不相信母國貨幣而紛紛選擇持有美元，導致母國貨幣的信用變得更差……在這種種因素加乘作用之下，阿根廷的經濟狀況變得極度惡劣。

尤其一九八〇年代，年均通貨膨脹率持續高達百分之一五〇，每隔幾年就會聽到阿根廷經濟崩盤的新聞。經濟環境的變化和經濟政策的失敗，導致阿根廷的長期混亂。

二十世紀初葉的經濟強國阿根廷

兩種船問世，助阿根廷經濟大躍進

- 一大片適合栽種穀物和畜牧的草原地帶（彭巴）。
- 散裝貨船和冷凍船的發明，使出口量得以擴張。
- 可在北半球青黃不接的時期出貨。

➜ 受到第一次世界大戰與巴拿馬運河開通的雙重打擊，經濟狀況在一片混亂中衰退。

Number

26

近代

為何中南美洲有許多印度裔居民？

世界史關鍵字

廢奴法案

地理關鍵字

千里達及托巴哥、印僑、能源革命

加勒比海島國的名菜竟是咖哩

由於我擔任教職，平時常會接觸到許多國籍的外語助教（ALT，Assistant Language Teacher），這些外語助教主要負責在英文課上輔助對話教學。當我們在教師辦公室裡聊天時，我總能學到美國、加拿大、紐西蘭、菲律賓、新加坡等眾多國家的文化。

在我先前服務過的學校裡，就有一位來自加勒比海島國**千里達及托巴哥**的助教。我問這位助教「千里達及托巴哥最具代表性的菜餚是什麼呢」，沒想到對方竟然回答「咖哩很有名」。

明明是加勒比海島國，有名的卻是咖哩？我在驚訝之餘追問原因，才知道原來千里達及托巴哥的印度裔居民占了四成，咖哩是當地非常普遍的一種食物。

印度跟千里達及托巴哥相關連的契機

印度跟千里達及托巴哥，可以說位於地球兩端那般遙遠，那麼千里達及托巴哥為什麼會有這麼多印度裔居民呢？

這兩個國家的共通點，過去都是英國殖民地。英國奴隸政策的轉向，使這兩國產生關連。

印度裔勞工取代了過往的奴隸

自近世以來，英國在千里達及托巴哥、牙買加等加勒比海的大量島嶼建立了殖民地。接著，英國在這些殖民地積極開發蔗糖園和菸草園，因而產生了大量的勞動力需求。

一開始，加勒比地區最主要的勞動力是非裔奴隸。但是進入十八世紀末葉後，英國廢奴運動蓬勃發展，人民還為此發起拒買砂糖的運動。

最終，英國在一八〇七年制定《廢除奴隸貿易法案》，並在一八三三年制定**《廢奴法案》**。這部法律的效力遍及英國全數殖民地，規定蓄奴者必須釋放奴隸，並將獲得補償金。在這個時代，美國等其他國家仍在施行奴隸制度。

但就殖民地農園業者的角度而言，在解放奴隸之後，還是必須保有往後經營農場所需的勞動力才行。**於是，農場業者為求填補因廢奴產生空缺的廉價勞動力，開始對外招募短期勞工。此時上門應徵的，正是來自印度的人民**。

當時在加勒比海各國之中，千里達及托巴哥尚有許多開發空間，並且大規模招募勞工，因而湧入特別多的印度裔勞工。

印度裔居民落地生根

這種短期勞動的契約勞工制度以五年為限，待合約到期後，農場業者就必須負擔勞工回國的費用。

不過後來也有越來越多案例是，農場業者在雇用期結束後將土地分給勞工居住，讓他們擔任佃農，並收取農作物當回報。

農場業者認為與其花高額費用將勞工送回母國，還不如提供土地，讓勞工以佃農身分提供長期勞動力來得更划算。

就這樣，大量的印度裔勞工就在千里達及托巴哥落地生根了。

印僑社群遍及全球

雇用印度人民當勞工的案例，不只出現在千里達及托巴哥，包括馬來西亞、新加坡、南非、肯亞等全球的英國領地皆是如此。最終就是，在全球各地都出現了印度裔社群，這些人就稱為**印僑**。

第二次世界大戰過後，主要是已開發國家開始雇用印度裔勞工，在經濟尚待復甦的地區扮演勞動力。

接著在重點能源從煤炭轉為石油的**能源革命**時期，許多印度裔勞工渡海前往中東產油國家，現今印度最為自豪的ＩＴ產業人才逐漸獲得雇用。

在日漸擴張的移民浪潮中，不少印度裔人士都在經濟、政治層面上取得了雄厚

印僑社群在全球擴展

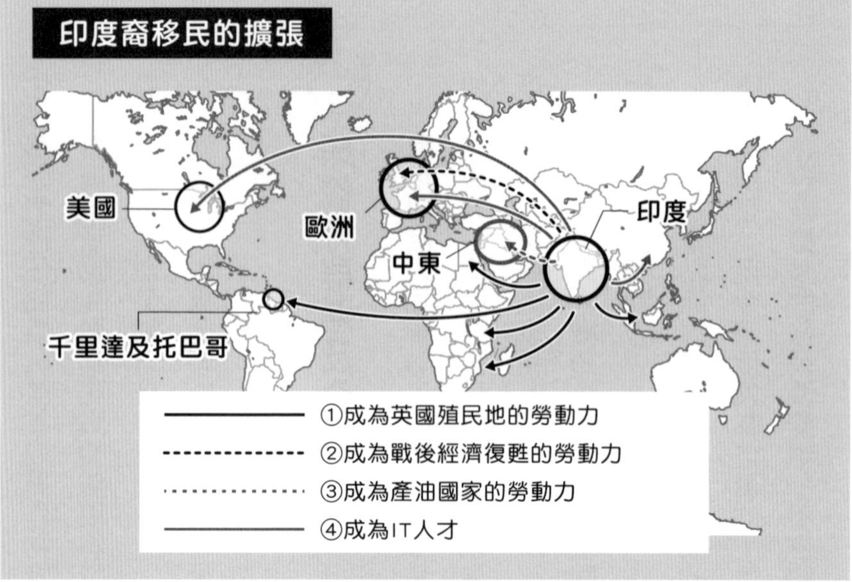

的力量。

隨著印度母國經濟成長，印度裔人口在往後應該仍會繼續擴大影響力。蘇納克當上英國首位印度裔首相，便是頗具象徵性的一例。

Number
27
近代

甘迺迪總統出生時的背景

世界史關鍵字

約翰・F・甘迺迪、古巴危機、阿波羅計畫、橫貫大陸鐵路

地理關鍵字

移民

推動阿波羅計畫的年輕總統

美國第三十五任總統**約翰・F・甘迺迪**是跟華盛頓、林肯等偉人，以及近年的歐巴馬、川普、拜登等人同樣具有高知名度的美國總統。

這位年輕總統以撐過**古巴危機**、推進**阿波羅計畫**的政績為人所知，而他被槍殺倒地的畫面，至今仍是電視上經常出現的歷史性場面。

甘迺迪是美國史上最年輕的總統當選人，在新教徒比例偏高的美國，亦以首位信仰天主教的總統聞名。

馬鈴薯是撐起愛爾蘭的重要食物

事實上，**甘迺迪總統誕生的背景跟馬鈴薯大有關連**。回溯甘迺迪的家譜，可知其曾祖父是從愛爾蘭渡海來到美國。

甘迺迪的曾祖父——派翠克・甘迺迪——還在愛爾蘭的時候正值十九世紀初葉，是愛爾蘭受到英國強勢統治的時代。貧窮的愛爾蘭農民受制於母國英國的地主，種出來的穀物幾乎都得全數上繳。

結實豐碩的土地必須優先栽種適合英國使用的穀物，愛爾蘭人民則只能分到貧瘠的土地。因此，愛爾蘭民眾便選擇栽培**馬鈴薯**，當成自給的作物。

全球除了熱帶地區之外，幾乎都有栽種馬鈴薯。馬鈴薯在貧瘠土地也種得起來，並且格外富含澱粉，因而成了窮困民眾所珍視的農作物。

正如梵谷繪畫〈吃馬鈴薯的人〉中所呈現的，馬鈴薯在那個時代被視為窮人們的招牌農作物。

馬鈴薯疾病突然襲來

愛爾蘭的馬鈴薯發揮功用，充分餵養了愛爾蘭農民。即使受到英國統治，愛爾蘭的人口仍從十八世紀初葉的三百萬人順利增長，在十九世紀初葉時已達八百萬人上下。

然而**一八四五年卻突然流行起馬鈴薯的疾病，人稱「馬鈴薯饑荒」的大饑荒席捲了愛爾蘭**。

病原菌導致馬鈴薯歉收的情況，原本好發於馬鈴薯的原產地中南美洲，但在十九世紀初葉，這種疾病也傳入了北美大陸和歐洲，並開始擴散。

愛爾蘭地區強烈依賴馬鈴薯，受此疾病影響尤大。從一八四五年到一八四九年期間，馬鈴薯的收穫量大跌，據說有超過百萬人皆死於飢餓。

一八四七年雖有玉米豐收，卻都被收進英國地主的口袋，愛爾蘭的人民完全無緣品嘗。

因此，這場饑荒在某種層面上可以視為人禍，據信大饑荒導致愛爾蘭的人口銳減了三百萬人。

甘迺迪的祖先逃離愛爾蘭前往美國

這場大饑荒造成愛爾蘭人口驟減，除了餓死者之外，也包括移民美國的人口。大饑荒期間有七十五萬人，其後十年間又有一百三十萬人選擇逃離愛爾蘭前往美國，甘迺迪的曾祖父派翠克·甘迺迪正是其中一人。

據說來自愛爾蘭的移民就算成功登陸美國，平均剩餘壽命只剩五至六年。由於愛爾蘭移民的營養狀態本來就很差，除了體力孱弱之外，更是外籍移民中的菜鳥，因此面臨低薪且長時間的嚴酷勞動。航向美國的船隻頻繁出現死者，嚴重到被稱為「棺材船」。

當時美國正在推行**橫貫大陸鐵路**，不計其數的愛爾蘭移民都曾參與建設工程，甚至還出現「橫貫大陸鐵路的每條枕木下，都埋著愛爾蘭移民屍骨」之說。

此外，由於美國社會的主流信仰是新教，天主教系統的愛爾蘭移民因而被視為外人。

十九世紀後期，移民地位提升

十九世紀末葉的**美國跨越過南北戰爭的危機，發展為全球工業國家之首，波蘭裔、義大利裔、西班牙裔的移民為了謀生紛沓而來。**波蘭、義大利、西班牙都是天主教國家，同為天主教的愛爾蘭裔移民，地位也向上提升。

從一貧如洗到華麗一族

甘迺迪的祖父派翠克·甘迺迪，正是這類愛爾蘭移民的代表人物。年輕時一窮二白，才十四歲就開始在港口勞動。他存起薪水開了酒吧，酒吧生意成功之後，又選擇收購威士忌進口公司。

累積足夠財富的派翠克轉而從政，選上了麻州議員。其子老約瑟夫·P·甘迺迪亦成為呼風喚雨的政治家，甚至還在駐英大使館擔任外交官，大展長才。

從現在的角度看來，甘迺迪已是如《華麗一族》那般有頭有臉的家族，但他們最初其實也是從靠馬鈴薯過活的貧窮狀態下白手起家。

馬鈴薯饑荒與愛爾蘭移民

1867年起
成為美國領土。
1869年開通首條
橫貫大陸鐵路。
1845～49年的
馬鈴薯饑荒，促使
大量愛爾蘭移民
前往美國。

梵谷作品〈吃馬鈴薯的人〉，1885年

馬鈴薯曾是十九世紀窮人的標配農作物。

第3章

中國、印度、東南亞

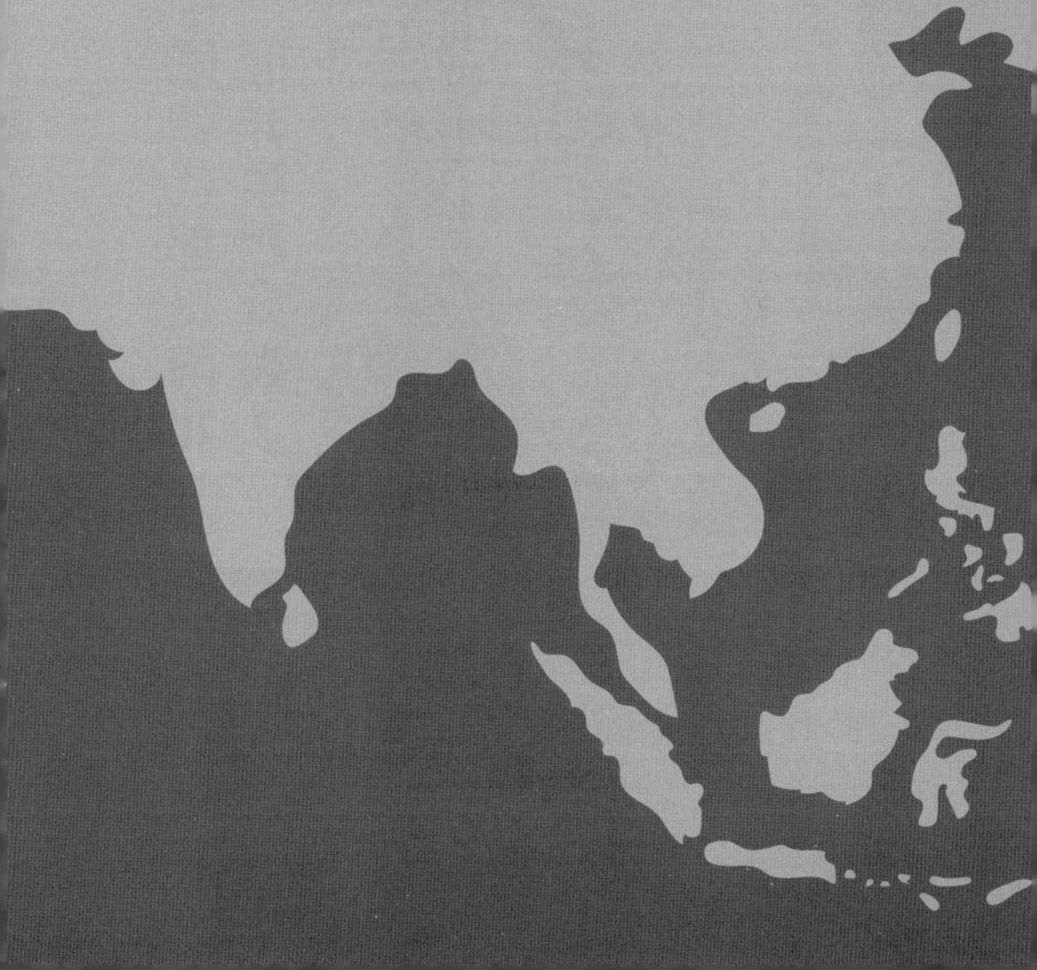

Number

28

古代

為何中國朝代都是南北分裂，而非東西分裂？

世界史關鍵字

南北朝時代、五代十國時期、金、南宋

地理關鍵字

降雨量、稻子、小麥、飲食文化

中國史上數度出現南北分裂時代

綜觀中國歷史，會發現有許多南北分裂的時代。

其中最具代表性的，便是從四二〇年至五八九年的**南北朝時代**、從九〇七年至九六〇年的**五代十國時期**，以及從十二世紀至十三世紀的**金**與**南宋**時期等。

另一方面，中國幾乎未曾出現呈東西分裂的大國。在中國漫漫的歷史長河中，照理說有可能出現東西分裂的時期，但每次卻總是呈南北分裂。

中國為何總是南北分裂，而非東西分裂呢？

中國呈南北分裂的氣候因素

能夠解開這個疑問的關鍵就在氣候，觀察中國的**降雨量**分布，可以看出北方少雨、南方多雨的特徵。**若將降雨量一千公釐的地點大致畫線連起，其東側會與淮河重合，西側則會通過秦嶺山脈**，這就是秦嶺淮河線。

降雨量一千公釐的分水嶺，為南北方帶來了大幅的文化差異，因為這正是稻米生長的分界線。稻米需要溫暖氣候與大量降雨，**小麥**則是在涼冷氣候，較為乾燥的氣候中生長。

到中國旅行時，會發現秦嶺淮河線以南多見米食，北方則多見麵食及饅頭類，正是出於此故。

方言差異也分南北

另外在語言上也有差異。秦嶺淮河線南北方的音調和發音各不相同，越往長江以南，跟北部的語言落差就越是顯著，這也形成了北京話和上海話的分類。

這類氣候、**飲食文化**、語言文化上的差異，為中國北部和南部民眾帶來了各自的歸屬感。不少人都覺得北方人跟南方人連性情都不太一樣。

軍事實力也有南北差異

不僅如此，在交通和軍事層面也不盡相同。正如「南船北馬」一詞所述，中國北方在移動和軍隊組成上都很重視馬匹，中國南方則更重視船隻。

馬原本就是生在寒冷地區的動物，會在半乾燥的草原上吃草成長。當中國的南方國家試圖北征，若沒有備妥大規模的騎兵團，通常都無法戰勝北方軍隊。

相反地，降雨量多的南方河川也多，河面相當寬廣，因此盛行船隻交通。河川是天然的防線，因此當北方國家想攻打南方，就會需要大量的船隻。

史上首度統一中國的秦始皇，正是克服了如此的差異，才締造出不凡成就。

秦嶺淮河線與中國的南北分裂時期

降雨量與秦嶺淮河線的關係

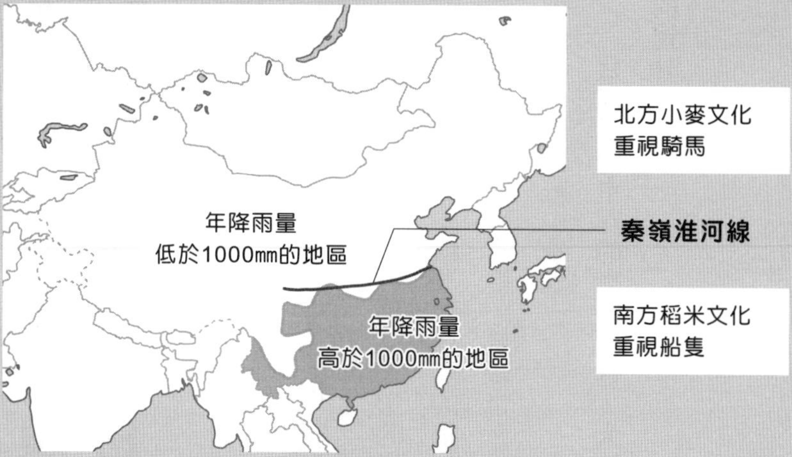

以秦嶺淮河線為界分南北的眾多朝代

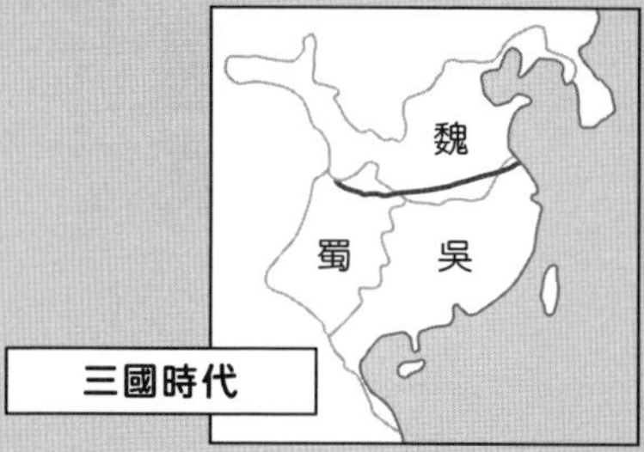

Number

29

中世紀

宋朝的能源革命，催生出今日的中國菜

世界史關鍵字

宋朝、青瓷

地理關鍵字

煤炭、能源革命、焦炭（焦煤）

中菜的火候在宋朝時變得強勁

一般說起全球三大菜系，指的是法國菜、土耳其菜以及中國菜。其實我們可以追溯歷史，找出中國菜變好吃的那個時代——答案就是宋朝。

中國菜味道的關鍵，無疑是充足的火候，以強勁火候一口氣煮熟的料理，通常很難在一般家庭中重現。

目前已知中國的烹飪火候，大致是在十一世紀至十三世紀的宋朝時期有了顯著的提升。

中國在宋朝發生能源革命

中國在宋朝時期開始廣泛利用**煤炭**，進入所謂的**能源革命**。煤炭經常和工業革命、蒸汽機等話題一併談論，因此感覺就像是近代的燃料。令人意外的是，人們其實早從古代就曾拿煤炭當燃料，甚至從紀元前就有使用紀錄。

不過，古代時還沒有普遍使用煤炭。畢竟比起需要技術和心力去挖掘的煤炭，用木柴燒成的木炭更方便取得。

但在進入唐朝後，煤炭的使用率就開始一點一滴增長。唐朝極盛時期人口變多，在本就缺乏森林資源的中國北部，人們開始使用煤炭來解決燃料不足的問題。

除此之外，據說中國北部為了餵養大量人口而砍伐森林打造耕地，導致沙漠化越趨嚴重，土地喪失保水能力後，便進入乾旱、洪水頻發的大混亂時期，又進一步導致森林受到破壞。

在這樣的背景之下，人們從唐朝末期到宋朝越來越常使用煤炭。**宋朝時期城市經濟有了顯著發展，商店解除營業時間限制，人們開始經營開到深夜的酒館和餐館**。大批民眾上館子用餐，相信也為煤炭烹調推了一把。

中國北部是全球數一數二的煤礦產地

煤炭之所以被大量運用，除了森林資源枯竭外，另一個原因則是中國北部本身就是煤炭產地，相當容易取得煤炭。位於北京西側的山西省，更是中國名列前茅的煤炭產地。

今日**中國生產全球過半數的煤炭，其中超過四分之一都在山西省開採而得。這也代表目前全球有八分之一以上的煤炭產量，皆由山西省所供應。**

除此之外，其西側相鄰的陝西省、北京東南方的山東省也都能採到許多煤炭，這三省合計供應了全球將近四分之一的煤炭量。

鄰近煤炭產地的耀州——相當於現今的陝西省——在當時盛產陶瓷。人們自宋朝開始將煤炭當成燃料，耀州亦生產出具備橄欖綠光澤的獨特**青瓷**，成了北宋大受歡迎的一類瓷器。

南宋時期打穩了中菜基礎

就這樣，煤炭在中國北部普及開來，進入北宋時期後，就連中國南部也漸漸開始普遍使用煤炭。過程中人們還使用**焦炭**——這是將煤炭蒸燒後去除雜質，施加穩定高溫而得。

就這樣，**具備高度火力的焦炭邂逅了中國南方的豐富食材，所謂的中菜風格在南宋時期就此成形**。根據可取得的食材及口味偏好等差異，可再細分成北京菜、廣東菜、四川菜等，但使用強力火候是中國菜大致上的共通點。

中國主要煤炭產地

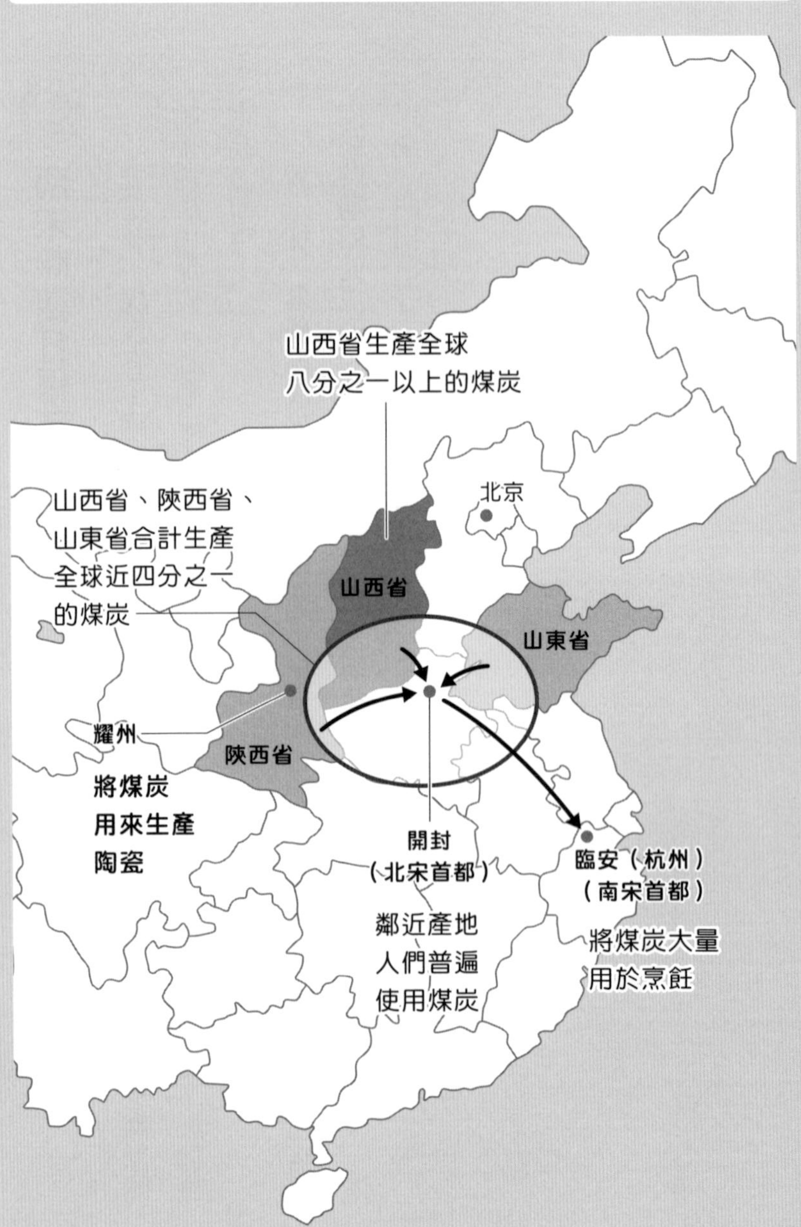
山西省生產全球
八分之一以上的煤炭
山西省、陝西省、
山東省合計生產
全球近四分之一
的煤炭
北京
山西省
山東省
耀州
陝西省
將煤炭
用來生產
陶瓷
開封
（北宋首都）
臨安（杭州）
（南宋首都）
鄰近產地
人們普遍
使用煤炭
將煤炭大量
用於烹飪

Number

30

近代

為何大英帝國堅持統治印度？

世界史關鍵字

印度帝國、非洲縱向占領政策

地理關鍵字

冬乾溫暖氣候（Cw）、季風、熱帶莽原氣候

名列世界遺產的迷你鐵路

大吉嶺喜馬拉雅鐵路，是印度的其中一個世界遺產。這條登山鐵路的軌距僅約六十公分，由小型火車攀登逾兩千公尺的海拔差距，最高時速也僅約十公里。火車拚命爬上山巔的模樣，叫人忍不住嘴角上揚。這條鐵路是英國成立**印度帝國**實質統治印度的兩年後動工，可見其在英國殖民政策上的重要定位。

這條鐵路是用來運送大吉嶺所產出的茶葉，茶葉是英國高度需求的產物，印度農園經營者光是將茶葉運送至英國母國，獲利就已經相當可觀。此外，大吉嶺地區的高原也被許多英國人當成躲避印度酷熱的避暑勝地。

孕育紅茶的氣候條件

大吉嶺產的紅茶香氣馥郁，人稱「紅茶界的香檳」。大吉嶺所在的印度東北部是一大片聞名遐邇的茶葉產地。那麼，這塊地方為何能成為超群絕倫的茶葉產地？答案是：該處具有適合培育茶葉的自然環境。孕育茶葉需要足夠溫暖的氣候與大量降雨，年均溫大致必須超過十五度，冬季應高於負五度，夏季均溫不超過四十度，年降雨量須達一五〇〇公釐。

這僅僅是培育茶葉的基本條件，在最適宜的條件下，標準還會更加嚴格——降雨量必須要再更多，咸認全年最好要有二二〇〇至二三〇〇公釐。

東京位處夏雨型暖溫帶氣候，放眼全球已是雨量偏多的城市，但年降雨量其實僅約一六〇〇公釐，想種茶葉還需要更多雨量。除此之外，**由於茶是品嘗葉片味道的飲品，因此並不是全年多雨就算好，而是得從葉片逐漸茂盛的初夏開始，一整個夏季都多雨的氣候，才算是最佳環境。**

茶葉還有另一項特性，若想孕育出具有深度的味道，就還必須經歷較為涼冷的乾燥時期。

適合栽培茶葉的冬乾溫暖氣候

「較為溫暖，雨量集中於夏季，同時還具有涼冷乾燥的時期」——像這樣變化明確而適合栽培茶葉的氣候，正是**冬乾溫暖氣候（Cw）**。諸如中國東南部福建省等處、印度東北部等處的知名茶葉產地，絕大部分都屬於冬乾溫暖氣候。

此種氣候的形成主因是**季風**，由於大陸具有易熱易冷，海洋則具有難熱難冷的特性，夏季時大陸的空氣經過加熱，會產生上升氣流。為了補足這些流失的空氣，就會吸引海洋吹來濕潤的風。

夏季時從海洋吹向陸地的濕潤季風，在碰撞到陸地或山地後，便會形成上升氣流，降下大量的雨。另一方面，冬季時季風從陸地吹向海洋，來自大陸乾燥的風會形成下沉氣流撞進海洋，因此不會下雨。

如此這般，位於喜馬拉雅山麓的大吉嶺地區在夏天時受到季風碰撞而降雨，**除了氣溫足夠溫暖之外，冬夏降雨量亦產生極大差異。夏季多雨、冬季乾燥的特徵，便構成了適合栽種茶葉的氣候**。

肯亞盛產茶葉的原因

試著尋找其他地方的冬乾溫暖氣候地區，會發現在東非衣索比亞至肯亞、坦尚尼亞一帶也有分布。這些地方的氣候成因就不是季風，而有其他因素。

上述幾處都位在非洲赤道附近，說是非洲赤道附近，感覺似乎相當炎熱。不過，由於這幾個東非地區都**位於高原上，氣溫因而變低。雖然具有周圍熱帶莽原氣候夏季多雨、冬季少雨特徵，氣溫方面卻下降至溫帶的範疇內，乍看下就像成為了冬乾溫暖氣候**。

相信很多人都不覺得肯亞有產茶，但它在殖民地時期其實曾是英國重要的茶葉產地，現今則是全球排名第三的產茶國家，僅次於中國和印度。

當時英國以埃及和南非為起點，實施名為「**非洲縱向占領政策**」的殖民地擴張計畫，並從一八九五年起統治肯亞，展開了茶葉栽種。

從統計資料可以看出，**茶葉產地大多是英國前殖民地，顯示出英國對茶葉大量需求的這段歷史**。

大吉嶺地區與季風

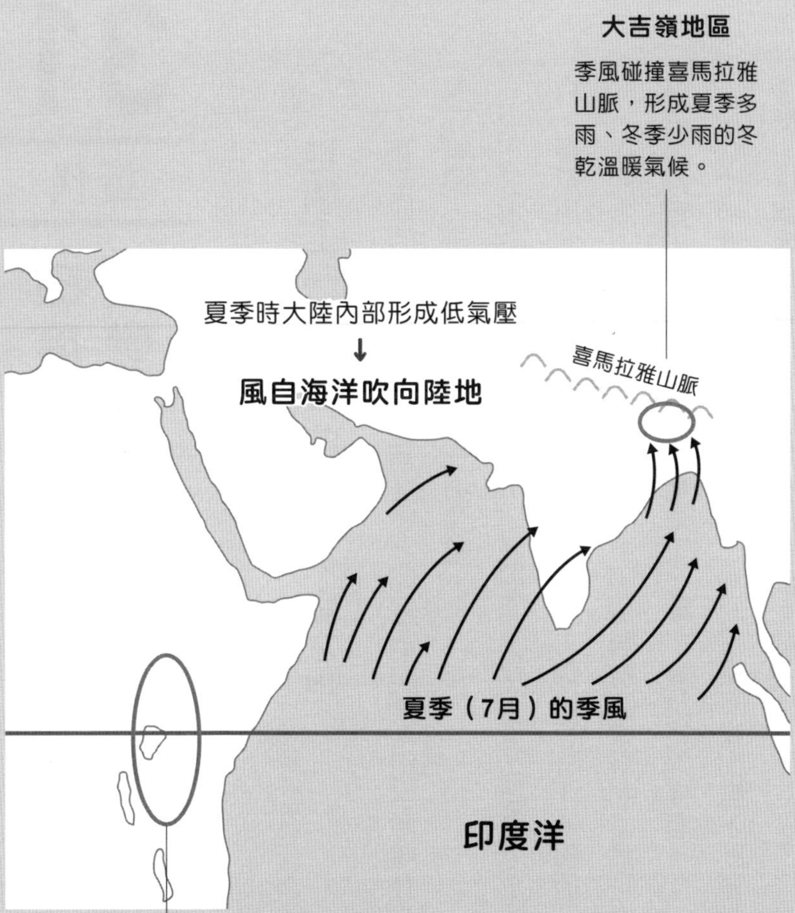
大吉嶺地區
季風碰撞喜馬拉雅山脈，形成夏季多雨、冬季少雨的冬乾溫暖氣候。
夏季時大陸內部形成低氣壓
↓
風自海洋吹向陸地
喜馬拉雅山脈
夏季（7月）的季風
印度洋

位置上屬於赤道附近的熱帶地區，
但地形是高原，因此成為冬乾溫暖氣候，
而非熱帶莽原氣候。

↓

大量產茶

Number

31

近代

印度的喀什米爾地區，演變成全球性大問題

世界史關鍵字

土邦主、印巴戰爭、第十四世達賴喇嘛

地理關鍵字

國界問題、喀什米爾地區

地圖上「留白」的歸屬未定之地

在全球的民族及**國界問題**當中，印度跟巴基斯坦爭奪**喀什米爾地區**主權的衝突難分難解，已然成了全球的一項課題。

在日本能找到的所有地圖上，印度北部的邊界都畫了虛線，或將領土顏色留白，顯示出此地歸屬未定。另外，中國亦主張擁有喀什米爾地區的部分主權。在此之上，印度、巴基斯坦、中國這些衝突當事國還都是擁核國，也使問題變得更加嚴重。如此大規模的主權未定土地，實是絕無僅有。

喀什米爾地區坐落於世界屋脊一角的喀喇崑崙山脈，壯麗景色叫人心馳神往。那麼，這個地區為什麼會發生國界糾紛呢？

印度獨立時，眾王公的動向

印度在第二次世界大戰過後自英國獨立。**脫離英國時，擁有許多印度教徒的印度，跟擁有眾多伊斯蘭教徒的巴基斯坦選擇分開獨立。**

印度的獨特之處，在於各地有**土邦主**，也就是所謂的大君（Maharajas），他們會在地方上以王公的身分發揮影響力。

英國在統治印度期間令這些土邦主誓言效忠英國，並允許他們自行統治土邦，對其領地行間接統治。

其後在印度和巴基斯坦脫離英國之際，英國建議將靠近印度的土邦劃入印度，靠近巴基斯坦的土邦則劃入巴基斯坦。眾土邦主大致上聽從了英國的建議，但有三個土邦基於宗教因素反對這個安排。

第一個是位於印度中部的海德拉巴，其居民跟土邦主都是伊斯蘭教徒。土邦主曾想自行獨立，但在獨立後卻遭印度經濟封鎖，派軍令其加入印度。目前海德拉巴在印度仍是有著高比例伊斯蘭教徒的地區。

第二個是印度西部的朱納格特土邦，其居民是印度教徒，土邦主卻是伊斯蘭教徒。土邦主希望加入巴基斯坦，印度軍隊卻占領了朱納格特，土邦主則逃向巴基斯坦。原本就是印度教占多數的居民接受了印度統治，因此被編入印度版圖。

喀什米爾居民信伊斯蘭教，土邦主信印度教

第三個便是印度北部的喀什米爾，此地區的居民多為伊斯蘭教徒，土邦主則是印度教徒。當巴基斯坦宣告對此地具有主權，土邦主也宣布加入印度。這使得印度跟巴基斯坦發生衝突，發展成了**印巴戰爭**。

居民是親巴基斯坦的伊斯蘭教徒，土邦主卻是親印度的印度教徒——這個從根本就存在歧異的結構，使得印度和巴基斯坦相爭不下，從那之後，喀什米爾的紛爭便一路持續至今。

中國加入戰局，局面難上加難

一九六二年時的發展又使這個僵局更加難解——印度跟中國爆發了糾紛。一九

五一年中國占領西藏，西藏則發起抵抗中國的運動。一九五九年，西藏對中國發起大規模抗暴運動，中國強力鎮壓西藏，西藏的領袖**第十四世達賴喇嘛**因而流亡國外，前往印度。

印度選擇庇護達賴喇嘛，導致中印關係惡化，發展成武力衝突。這場紛爭的最終結果，是中國實質支配了喀什米爾地區東北部的阿克賽欽。目前的世界地圖上，大多會將該處劃為中國實質統治的地區。

中國和巴基斯坦聯合孤立印度

目前，衝突各方雖已大致劃出實質控制的界線，喀什米爾的歸屬卻仍未底定，一路延宕至今。二〇一九年印度對巴基斯坦境內的伊斯蘭激進分子發動空襲，已導致兩國關係惡化；二〇二〇年中國跟印度也發生了糾紛。

於此之中，**巴基斯坦和中國因為都跟印度有嫌隙，而選擇跟彼此拉近距離，正在加深政治和經濟上的連結**。雙方攜手建設穿越喀什米爾地區的交通網中巴經濟走廊，正是關係友好的象徵舉動，這亦被稱為中國一帶一路政策的核心事業。

喀什米爾地區與印度、中國、巴基斯坦

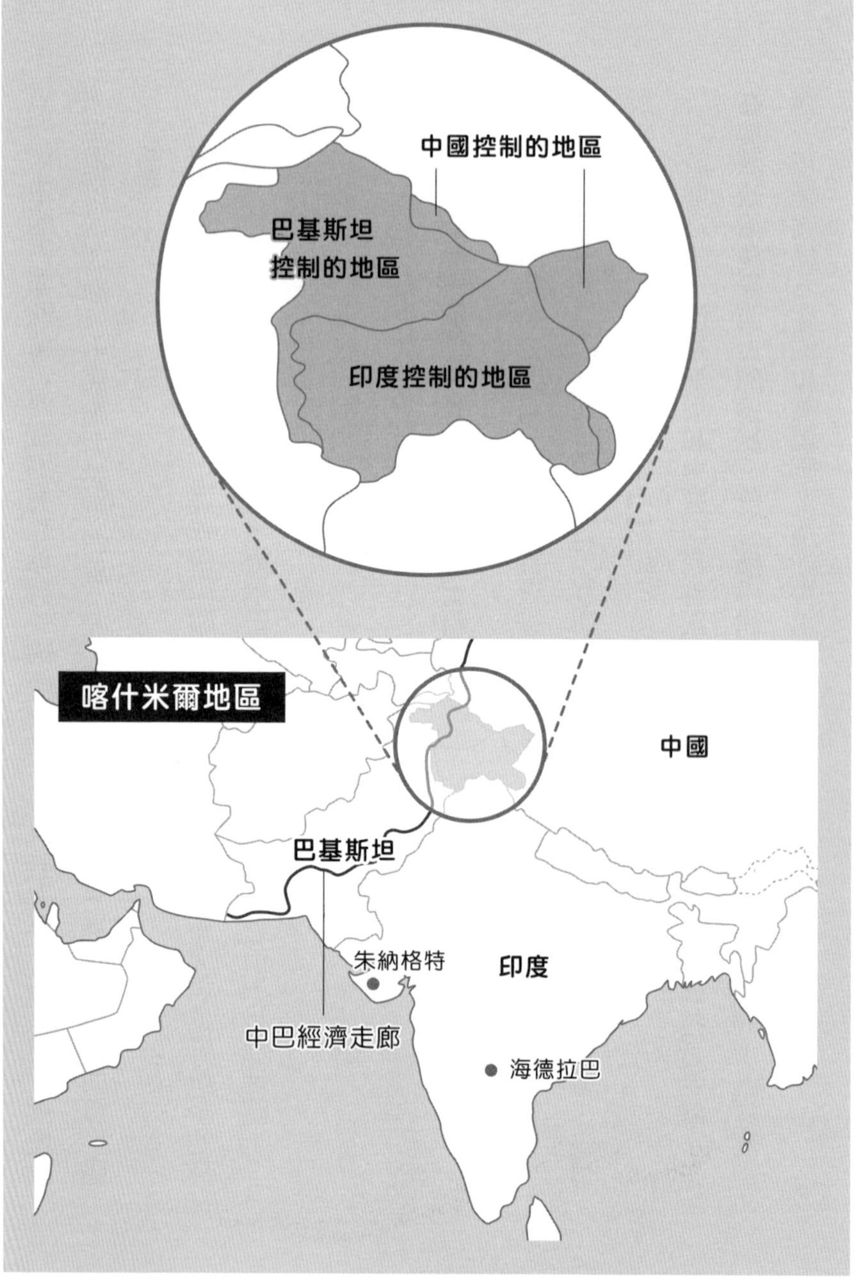

Number

32

近代

中國傾力投資東非的原因

世界史關鍵字

伊斯蘭商人、海上航線、永樂帝、鄭和

地理關鍵字

南島語系

東非成為廣受矚目的新領域

目前，東非被視為經濟成長發展可期的新領域，吸引全球前來投資。尤其中國更將東非地區定位成一帶一路構想的重要區塊，逐漸擴大投資規模。

馬達加斯加比想像中更像亞洲

亞洲跟非洲感覺起來或許相距遙遠，但其實**印度洋周遭的環印度洋地區，自古就是伊斯蘭商人等各方人士川流不息的海域，各地向來有強烈連結**。

其中一個代表性的例子，就是非洲東部的島國馬達加斯加。馬達加斯加雖然位處非洲，使用的語言卻跟東南亞一樣屬於**南島語系**，很類似馬來西亞的馬來語。

此外，包括行稻作、以稻米為主食、可以看見大片水田景色等等，**馬達加斯加其實比大家想像中更像亞洲島嶼**。

中國的影響力觸及印度洋

中國在歷史上經常對這塊環印度洋地區展露興趣。唐朝時期，各式各樣的外地產物都經由人稱「海上絲路」的**海上航線**進入中國，宋、元時期亦有大型船隻啟航前往印度。

接著到了明朝，**鄭和**奉**永樂帝**（明成祖朱棣）的命令帶領大船隊遠航，其中一部分船隻甚至還開到了非洲東岸。鄭和的大規模船隊共有數十艘船隻，成員多達兩萬人，足以看出明朝企圖將影響力伸向印度洋沿岸。

中國第一個海外軍事基地，就在東非吉布地

基於中國過往的此般歷史，不難理解中國為何會想將一帶一路的布局延伸至非洲東岸。

例如，**中國已在二〇一七年將第一座人民解放軍海外基地建設在非洲東部的吉布地**。吉布地基地絕對算不上大型基地，也僅有小規模駐軍，但它剛好位於紅海出口附近，是個能對蘇伊士運河至非洲東部發揮影響力的要衝。

不僅如此，中國更逐步在吉布地設置航空母艦、潛艦所能靠岸的設施。中國的這些動向，正是觸動印度洋周遭國家和美國神經的一大主因。

吉布地港具備出口東非物產的功能，中國因而投注大量資金推進衣索比亞和吉布地之間的鐵路電氣化，藉以增強投資效果。

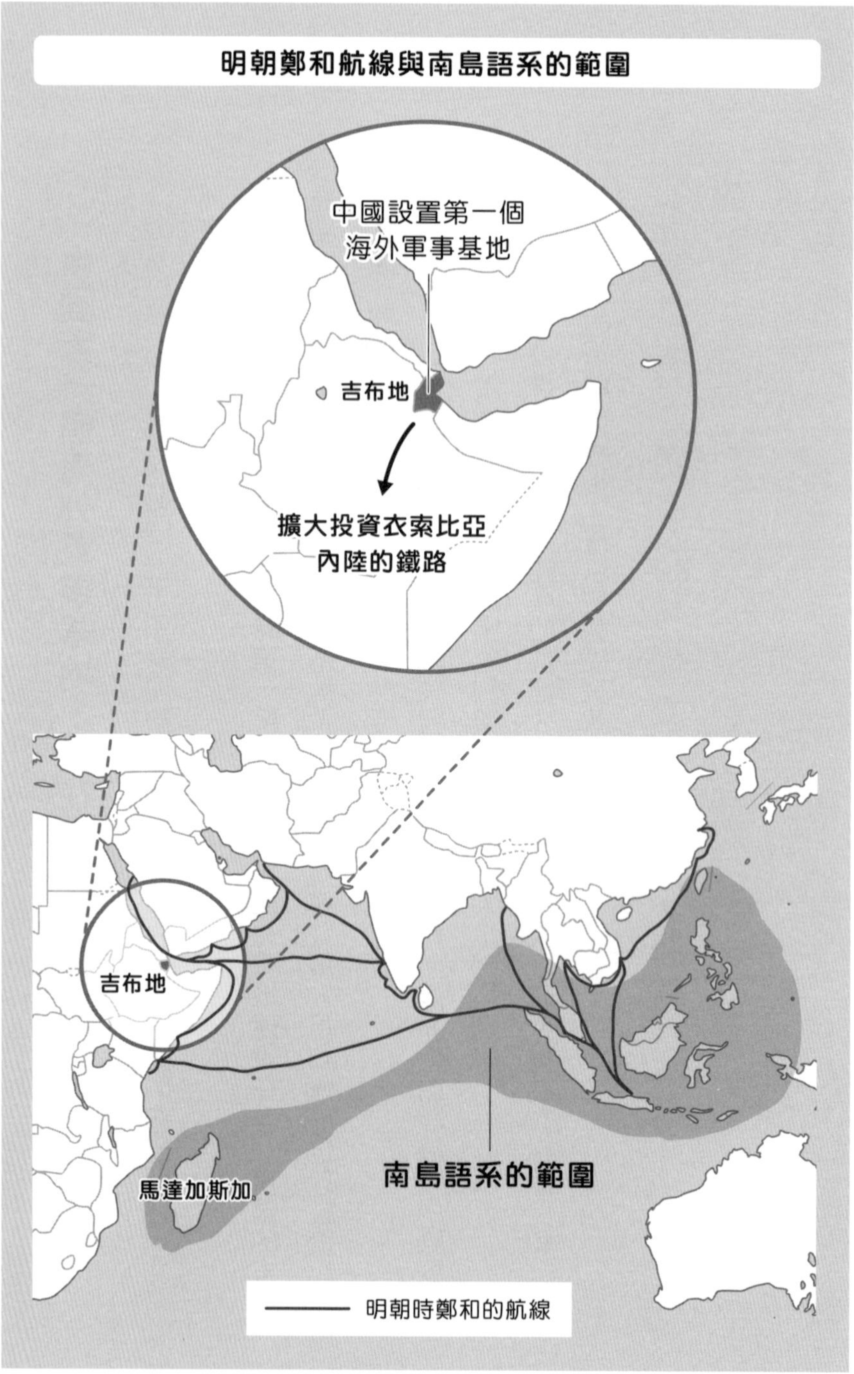
明朝鄭和航線與南島語系的範圍
中國設置第一個
海外軍事基地
吉布地
擴大投資衣索比亞
內陸的鐵路
吉布地
南島語系的範圍
馬達加斯加
明朝時鄭和的航線

第 4 章

非洲、西亞、大洋洲

Number

33

古代

從世界史看尼羅河現代水權爭端的真相

世界史關鍵字

埃及是尼羅河的贈禮、太陽曆、法老

地理關鍵字

雨季、乾季、沙漠氣候、沙漠土壤、熱帶莽原氣候

沙漠氣候成為糧倉地帶的原因

「埃及是尼羅河的贈禮。」

這是希臘歷史學家希羅多德留傳的一句話。誠如此言，從埃及古文明時期直到今日，埃及都是在尼羅河的庇蔭之下繁榮發展。

埃及的國土本身幾乎都屬於沙漠氣候，本是一片不毛之地。不過，尼羅河豐沛的水量卻將埃及化為了糧倉地帶。

直至今日，**埃及雖然身處沙漠氣候，小麥產量卻仍是全球第十八名，甚至勝過義大利這個位於溫帶氣候區的義大利麵和披薩之國。**

氾濫洪水滋養埃及

在高中世界史的課堂上談論埃及時，介紹到「尼羅河的贈禮」這句話，總會一併介紹尼羅河洪水的功用。尼羅河會定期氾濫帶來洪水，這時上游營養豐沛的土壤就會被搬運到下游。

沙漠除了乾燥，還分布著呈強鹼性的**沙漠土壤**。此時若發生洪水，就會從上游帶來呈酸性、富含養分的濕潤土壤。這最終使得土壤酸鹼中和，變得飽含水分，埃及因而成為了一個糧倉地帶。

孕育出埃及文明的尼羅河，每年都會在特定期間洪水氾濫。這段特定期間，成為了形塑埃及文明性格的一大要素。

正因洪水會在特定期間氾濫，人們便將太陽星辰的運行跟洪水連結起來，開始使用**太陽曆**。國王（**法老**）根據這段特定期間預測尼羅河的豐水期，管理尼羅河的水位，並宣告民眾可耕作的時期，從而成為太陽神的化身，擁有無上的權威。

乾濕區塊挪動，創造定期的豐水

話說回來，尼羅河的水量為什麼會定期增加呢？只要觀察非洲的氣候分布，就能知道答案。

地球上的濕潤地區與乾燥地區，自低緯度至高緯度呈帶狀分布。這些地區的範圍會隨著太陽高度不同，按季節南北挪動變化。這種乾濕區塊的挪動跟氣溫要素結合之後，就形成了氣候差異。

在非洲方面，埃及無論是夏季或冬季都位在乾燥氣候的地區，但其上游卻是夏天是**雨季**、冬天是**乾季**的地區。這種雨季跟乾季清楚分明的熱帶氣候，稱為「**熱帶莽原氣候**」。

埃及在上游擁有遼闊的熱帶莽原氣候地區（但衣索比亞高原海拔很高，因此也有部分地區並不屬於熱帶），當該處進入雨季，就會招致特定期間的洪水。這樣的氣候分布，或許可說是法老獲得強大權威的原因所在。

時至今日，埃及已經建造灌溉用的水壩，令洪水氾濫不再發生，但尼羅河的水量仍會在全年期間按特定循環增增減減。

水權爭端持續至今

由此可以看出，尼羅河是埃及重要至極的命脈，且其水源是從上游的熱帶莽原氣候帶國家所流下。

換句話說，**埃及的命脈等同於掌控在上游國家的手中**。位處尼羅河上游的蘇丹和衣索比亞這兩個國家，都反覆跟埃及發生水權糾紛。

埃及和蘇丹曾多次締結協定，藉以決定水量分配，但埃及跟更上游的衣索比亞間的氣氛則有些尷尬。

近年來，衣索比亞在與蘇丹的邊界上建造了名為「衣索比亞復興大壩」的水壩。衣索比亞主張這是發電用的水壩，不會影響水資源分配，但從埃及的角度看來，這等同於水資源的源頭遭到他國把持，因而相當反彈。

二〇二〇年，兩國的緊張關係使美國介入仲裁，引發全球關注。

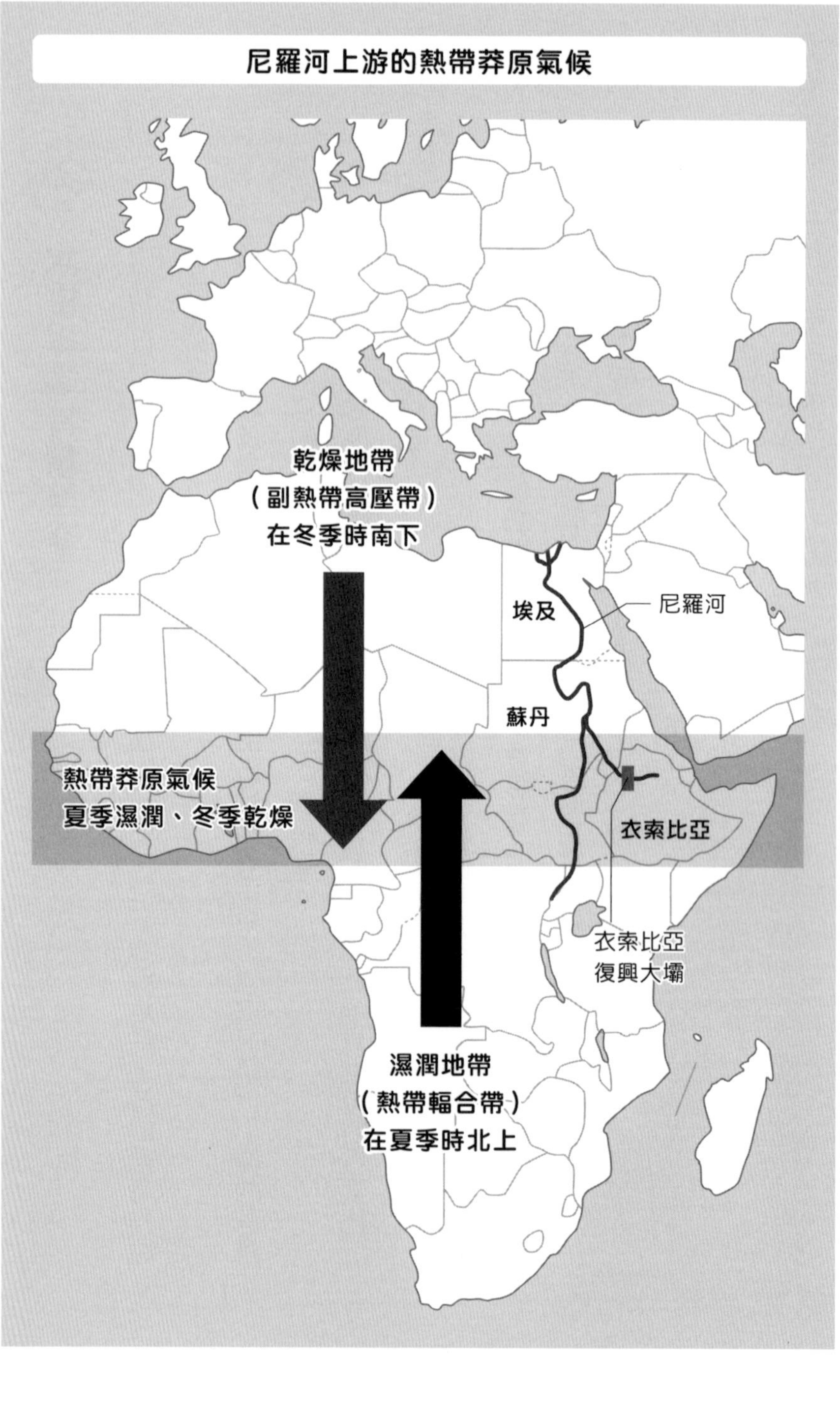
尼羅河上游的熱帶莽原氣候
乾燥地帶
（副熱帶高壓帶）
在冬季時南下
埃及
尼羅河
蘇丹
熱帶莽原氣候
夏季濕潤、冬季乾燥
衣索比亞
衣索比亞
復興大壩
濕潤地帶
（熱帶輻合帶）
在夏季時北上

Number
34
古代

埃及文明持續四千年，美索不達米亞文明卻更迭興亡？

世界史關鍵字
美索不達米亞文明、楔形文字、蘇美人、亞述

地理關鍵字
底格里斯河、幼發拉底河、沖積平原

美索不達米亞：民族劇烈消長之地

美索不達米亞文明跟埃及文明，同樣都是歷史悠久的古文明。

美索不達米亞文明孕育出全球最古老文字之一**楔形文字**，發明了一週七天的概念、用於時間和角度的六十進位法，為現代帶來了深遠的影響。

在美索不達米亞，**蘇美人首先建構出城市文明，其後阿卡德人、亞摩利人、加喜特王朝、亞述等形形色色的民族都在此地更迭興亡**。

另一方面，埃及雖也有過繁榮與衰敗的時期，但基本上都保有埃及人自身的國家，一路延續了四千年。

在世界史課本和資料冊中，會以地形來解釋這個現象：**美索不達米亞是一片開**

闊的平坦地形，因此會受各種民族入侵、有大量王朝興亡。與此相對，埃及則是被沙漠和海洋圍住的封閉地形，少有異族入侵，埃及人的文明才得以長期發展。

開創美索不達米亞歷史的兩條大河

美索不達米亞呈開闊地形的關鍵，在於兩條大河之上。

誠如埃及是尼羅河的贈禮，美索不達米亞的歷史同樣是由**底格里斯河**、**幼發拉底河**這兩條大河所開創。

其實美索不達米亞一名本就意為「兩河之間的土地」，美索不達米亞的「美索」（meso），跟音樂術語「中強」（mezzo forte）、「中弱」（mezzo piano）有相同語源，意思是間隔、中間。

言下之意，美索不達米亞文明能夠成立的前提，正是因為有底格里斯河、幼發拉底河這兩條河川。這兩條河將上游的沙土帶至下游堆積，並且時而氾濫，將沙土擴散開來，創造出一大片遼闊氾濫平原所構成的**沖積平原**（因河川堆積作用所創造出的平原，即稱為沖積平原）。在這片廣大的沖積平原上，各種民族持續著繁盛與衰敗。

另一方面，埃及又如何呢？尼羅河每年也都會帶來洪水，但尼羅河的洪水比較像是豐水，並不會因洪水氾濫而將沙土散布至遠處或者改變河道，因此並未像底格里斯河、幼發拉底河般創造出遼闊的氾濫平原。

觀察美索不達米亞兩條河川和尼羅河的坡度，會發現一個相當有趣的事實。底格里斯河從海拔一一五〇公尺的源頭到河口，共流經一八五〇公里的距離。平均而言，其坡度約相當於每公里六十二公分。

再來計算幼發拉底河，從海拔三五二〇公尺的源頭到河口，共流經二八〇〇公里的距離，平均坡度約每公里一公尺二十五公分。試以相同方式計算尼羅河（從維多利亞湖到河口），從海拔一一三四公尺的維多利亞湖到五七六〇公里外的河口，坡度竟然極其平緩，僅約每公里十九公分。

一般而言河川的傾斜程度越是平緩，侵蝕、搬運作用就會越小。**尼羅河相當平緩，將上游沙土帶往下游的力道極弱，每年都會運來適量的肥沃土壤，因而成為糧倉地帶，不像美索不達米亞那般形成廣闊的沖積平原。**

美索不達米亞與埃及的地形差異

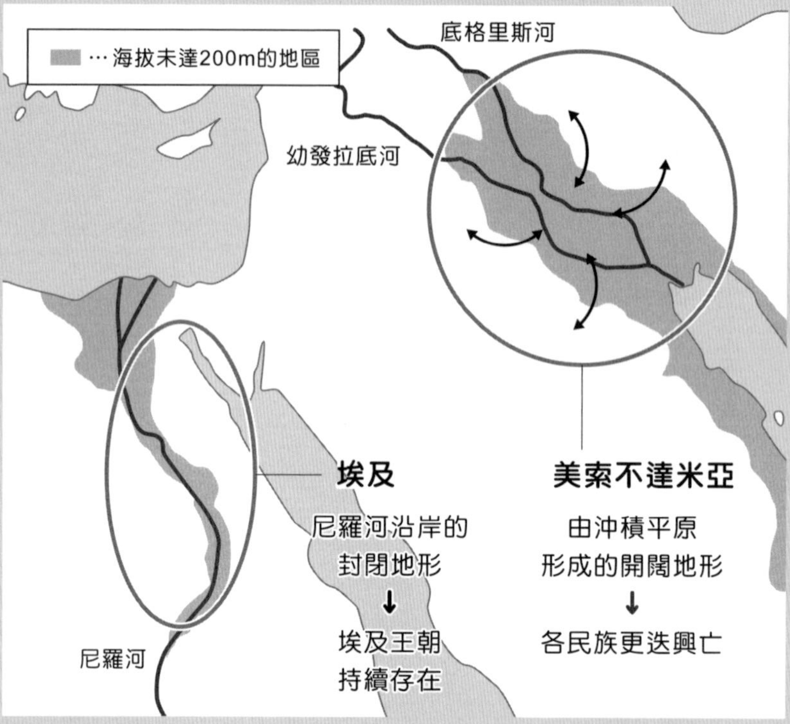

傾斜程度比較（呈現自源頭算起的距離與高度）

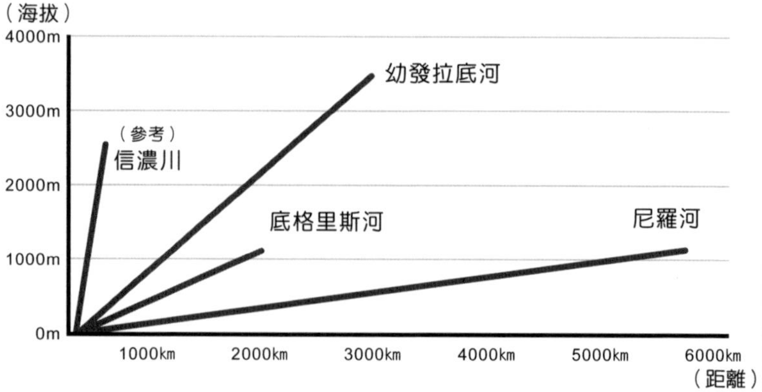

Number

35

古代

天然氣造就了人類最初的宗教「祆教」？

世界史關鍵字

祆教、波斯帝國、拜火教

地理關鍵字

天然氣

拜火教對全球宗教影響深遠

祆教源自波斯，也就是今日的伊朗，有人說它是人類史上第一個全球宗教。**波斯帝國**的人民曾廣泛信仰祆教，它對猶太教、基督教等許許多多的宗教，都留下了重大的影響。

祆教的特徵是善惡二元論，將「光明與智慧之主」阿胡拉・馬茲達視為值得崇拜的唯一神祇（汽車廠商馬自達的拼音「MAZDA」亦是取自阿胡拉・馬茲達）。

祆教信仰相當以火為尊，由於「光」在祆教中是善的象徵，能從黑暗中生出光的「火」因而備受尊崇。因此，人們也稱祆教為「**拜火教**」。

伊朗大地上出現自燃的火焰

祆教以火為尊，或許還具備地理性的緣由。我在觀察祆教誕生地波斯——也就是現今伊朗的統計資料時，發現了一項值得一提的事實。

那也就是——伊朗是個天然氣之國，其天然氣蘊藏量位居全球第二名（第一名是俄羅斯），產量則為全球第三名（第一名是美國、第二名是俄羅斯）。

考量到這個事實，雖然僅屬推測，但**伊朗各地想必曾有天然氣自然噴出，或許也曾偶然遇火，而開始自行燃燒**。這樣一來就不難想像火焰為何會被視為特別之物，影響人稱拜火教的祆教了。

在伊朗鄰國亞塞拜然的某間祆教寺院，就有一處從古代一路燃燒至今的天然氣火焰「永恆之火」。

天然氣催生祆教

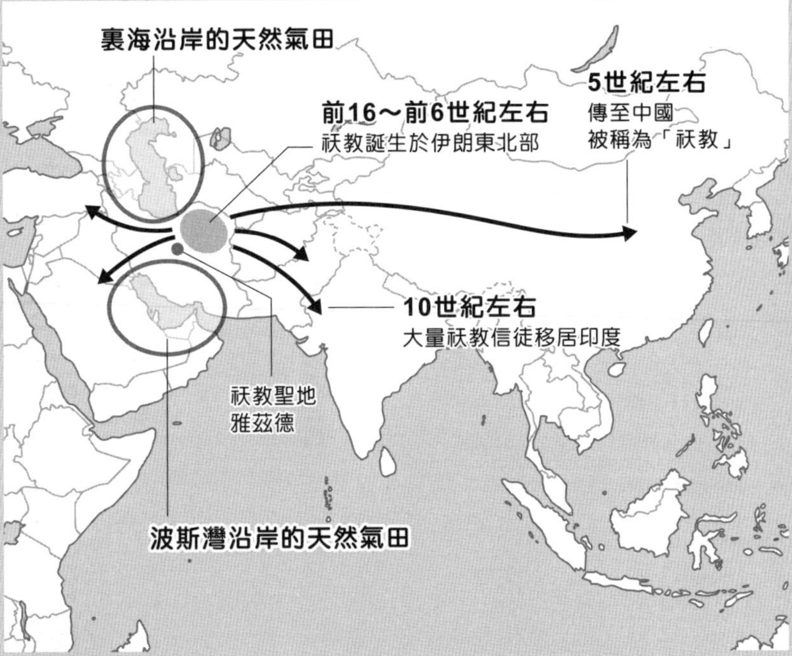
裏海沿岸的天然氣田
前16～前6世紀左右
祆教誕生於伊朗東北部
5世紀左右
傳至中國
被稱為「祆教」
10世紀左右
大量祆教信徒移居印度
祆教聖地
雅茲德
波斯灣沿岸的天然氣田

祆教中的
「光明與智慧之主」
阿胡拉・馬茲達

祆教

- 對猶太教和基督教影響深遠的宗教。
- 主張善惡二元論。
- 尊崇火，會在儀式中用火（拜火教）。
- 目前信徒約十萬人。

Number

36

近代

紐西蘭的「西蘭」在哪裡？

世界史關鍵字

新阿姆斯特丹、塔斯曼半島

地理關鍵字

紐約、紐奧良、紐澤西、紐西蘭、巴布亞紐幾內亞

冠上「紐」的地名

美國有許多以「紐」開頭的地名，許多人腦海中第一個浮現的，想必就是**紐約**了吧。

其實紐約在過去曾多次更名。這座城市最初的名稱是由十六世紀奉法國之命出航的義大利探險家，取名為新安古蘭（Nouvelle Angoulême，安古蘭是法國中西部的城市）。

接著十七世紀，荷蘭人在此正式展開殖民，並參照荷蘭首都的稱呼將之命名為**新阿姆斯特丹**。

後來荷蘭人將此地讓給英國，當時的英王詹姆斯二世擁有約克公爵的爵位，因

此將之取名為紐約（New York，新的約克）。約克（York）正是英國中部的一處歷史超過兩千年的城市。

除了紐約之外，可舉出的例子還包括美國南部城市**紐奧良**（New Orleans），名稱出自法國城市奧爾良（Orléans）；以及美國東部的**紐澤西**州（New Jersey），名稱出自英吉利海峽上的澤西島。

這些以「紐」開頭的地名，都顯示出該塊土地具有殖民地的歷史。

紐西蘭的語源來自意想不到的地區

另外也有國家的名字是以「紐」開頭，那就是——**紐西蘭**。根據前述美國地名的例子，紐西蘭（New Zealand）指的應該是「新的西蘭」。

那麼紐西蘭的「西蘭」（Zealand）又是哪裡呢？但攤開世界地圖時，四處都找不到西蘭這個地名。

其實，紐西蘭的「西蘭」是來自荷蘭的澤蘭省（Zeeland）。澤蘭省位於荷蘭西南部，地處今日荷蘭、比利時的國界附近。紐西蘭之所以會冠上澤蘭州的名稱，是因為十七世紀的荷蘭探險家**塔斯曼**。

塔斯曼在荷蘭東印度公司的指示下前往南半球探險。他在遠征期間發現一個新島嶼，便以「新的澤蘭」之意將其命名為紐西蘭。澳洲南方的塔斯曼尼亞島，正是來自這一位探險家塔斯曼。

澤蘭（Zeeland）這個名稱在轉換成英語後會變成「海之國」（Sea Land），因此澤蘭州就是「海之國」（地區名），紐西蘭則是「新的海之國」。

除了紐西蘭之外，還有一個國家的名稱也以「紐」開頭——**紐幾內亞**。從紐幾內亞可以看出，這個名稱出自非洲的幾內亞。

近年已有越來越多聲音，都在討論要將這類以「紐」開頭的地名、因外國統治而生的地名改回當地民族的原始稱呼。

在紐西蘭，人們正在逐步討論是否應將國名改為原住民族毛利人的稱呼「奧特亞羅瓦」（Aotearoa），更有人認為應該換掉左上角還印著英國國旗的紐西蘭國旗。在二〇一五和二〇一六年，紐西蘭舉辦了國旗公投，最終結果是繼續使用現行的國旗。

還有一個記憶猶新的事件，就是印度主張「印度」一名留有英國殖民地統治的

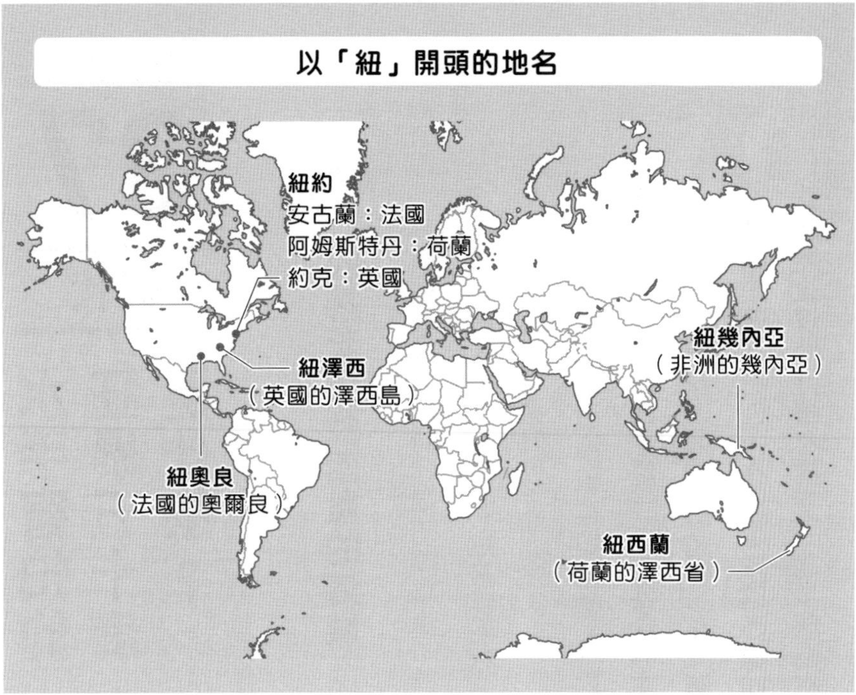

痕跡，而選擇在二〇二三年的G20高峰會上使用「巴拉特」（Bharat）這個名稱。在數十年過後，或許各種國名、地名都會跟現階段大有不同。

Number

37

近代

水手害怕的「咆哮四十度、狂暴五十度、尖叫六十度」是什麼？

世界史關鍵字

飛剪式帆船

地理關鍵字

西風帶、副極地低壓帶（極圈氣旋帶）

吹拂著強烈西風的海域

從地理大發現時代揭開序幕後，許多探險家紛紛出航挑戰未知的海域。在當時名留青史的人物，其實都屬於極其罕見的成功案例，實際上有數也數不清的探險家，早在航行中途就丟了性命。

當船員們出發挑戰這類危險的航程時，**尤其害怕南緯四十度至六十度間的海域，人稱「咆哮四十度」、「狂暴五十度」、「尖叫六十度」**。

這片海域令人懼怕的原因，在於**西風強烈吹拂**，以及陸地的分布狀況。除了吹著強勁的西風之外，**在南半球的南緯四十度以南亦少見足以擋風的陸地，因此風也就永無止境地持續吹拂著**（北半球則有許多能擋風的陸地）。

南緯四十度只在南美大陸和紐西蘭有陸地，南緯五十度只剩南美大陸的尖端，到了南緯六十度，就幾乎沒有陸地了。

正因如此，當船隻越是南下，就會承受越強勁的風勢。由於這個緯度位於多雨的**副極地低壓帶**，強風外加下雨，經常會演變成暴風雨襲擊而來。

咆哮四十度成為近代航線

過往南緯四十度的風被視為恐懼之風，在航經非洲南端時若不慎被風纏上，就有可能會無法返航，但**隨著時代進步，這種風也漸被視作推動船隻的珍貴能源**。

若能將南緯四十度的風拿來當繞地球一周的西風使用，運輸將會變得極其方便。在十九世紀時，人們就曾用稱為「**飛剪式帆船**」的快速大型帆船高速運送茶葉和羊毛，有時還會利用這條航線，比賽誰先從目的地返回原點。

當人們開始運用這條南緯四十度的航線時，世界邁入了蒸汽船時代，其後一直到蘇伊士運河開通為止，往返其上的船隻絡繹不絕。

咆哮40度、狂暴50度、尖叫60度

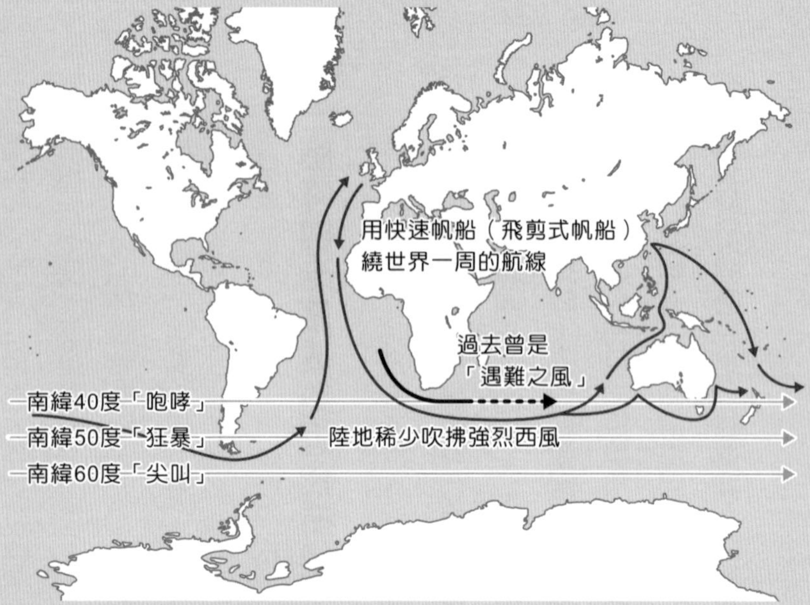

從南緯40度往60度，陸地逐漸減少。
南緯60度幾乎已經沒有陸地，吹拂著強勁西風。

這幅十九世紀初葉的法國繪畫，描繪探險船在「尖叫60度」附近的南冰洋上航行。

Number **38**

近代

其實有個國家將日語定為官方語言！

世界史關鍵字

帛琉、南洋群島、巴黎和會、帛琉共和國

地理關鍵字

官方語言、委任統治地（mandated territories）

日本並未明定官方語言

許多國家都會設定**官方語言**，有的會將單一語言視為官方語言，有的則將多種語言視為官方語言。

若要問日本的官方語言是什麼，相信許多人都會回答日語。不過，其實日本並未透過法令明定官方語言。透過學校裡的國語課程等形式，日語早已成為實質上的官方語言。

某南方島嶼以日語為官方語言

不過，全球唯獨有個地區是以日語為官方語言。既然不是日本，究竟又會是哪裡呢？

答案就是太平洋上的島國——**帛琉**南部的安加爾島（安加爾州）。在安加爾州憲法第十二條中，寫有「將帛琉語、英語、日語定為官方語言」的字句。

安加爾州雖說是「州」，有著憲法，其實只是人口僅約一百二十人的地區，似乎沒什麼人會在日常生活中講日語。

帛琉在歷史上曾被多國統治

帛琉在十八世紀之前幾無歷史紀錄，十八世紀初葉歐洲人發現此地，西班牙便從一八八五年展開統治。十四年後，西班牙面臨財政困境，因而將包含帛琉在內的**南洋群島**賣給德國，帛琉於是在一八九九年成為德國領地。

接著，**日本在一九一四年爆發的第一次世界大戰中以協約國身分參戰，與德國**

為敵，並派出海軍占領南洋群島。基於此事，在德國戰敗之後，**巴黎和會**上決議使帛琉成為日本的**委任統治地**。

日本將帛琉視為統治南洋群島的樞紐，建設了學校、道路、機場等設施。據說帛琉至今仍留有醬油、眼鏡和飛行場等日語詞彙。在第二次世界大戰中，帛琉因身為日本重要據點而陷入激戰，並在戰後改由美國統治，後於一九九四年獨立成為**帛琉共和國**。此時的首位總統亦是日裔人士，帛琉在其後成為著名的親日國家。

帛琉對日本感覺熟悉

帛琉跟日本有深切關連，為何唯獨安加爾州特別將日語設為官方語言呢？根據二〇一〇年代所做的一項調查，這件事找不到確切的理由。據說制定憲法的相關人士回答，「沒什麼特別原因，就把日語加進官方語言了」。

這項調查證明對當地人而言，日語已是不需特別解釋的熟悉事物，由此亦可看出帛琉跟日本的關係有多深遠。

將日語設成官方語言的帛琉島嶼

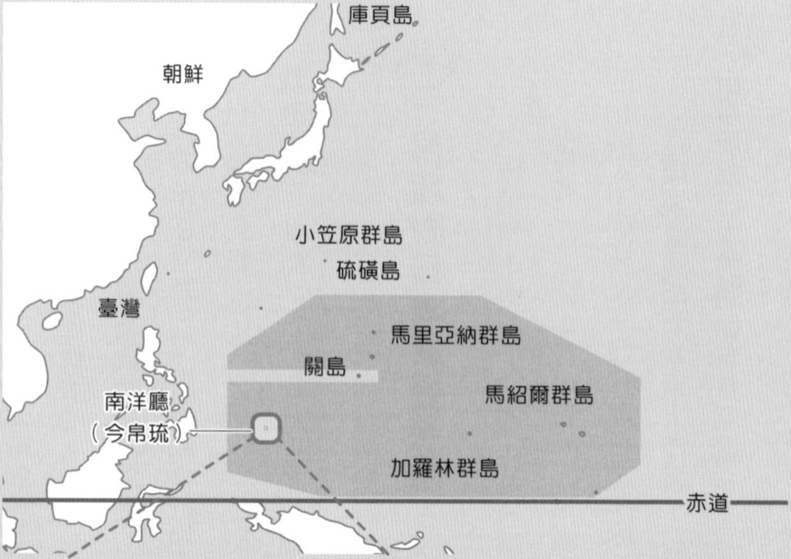

帛琉歷史

1885年
西班牙展開統治

1899年
售予德國

第一次世界大戰後
成為日本委任統治地，
日本於帛琉設置南洋廳

第二次世界大戰後
成為美國信託統治地

1994年
獨立為帛琉共和國

第5章

從世界史地看世界遺產

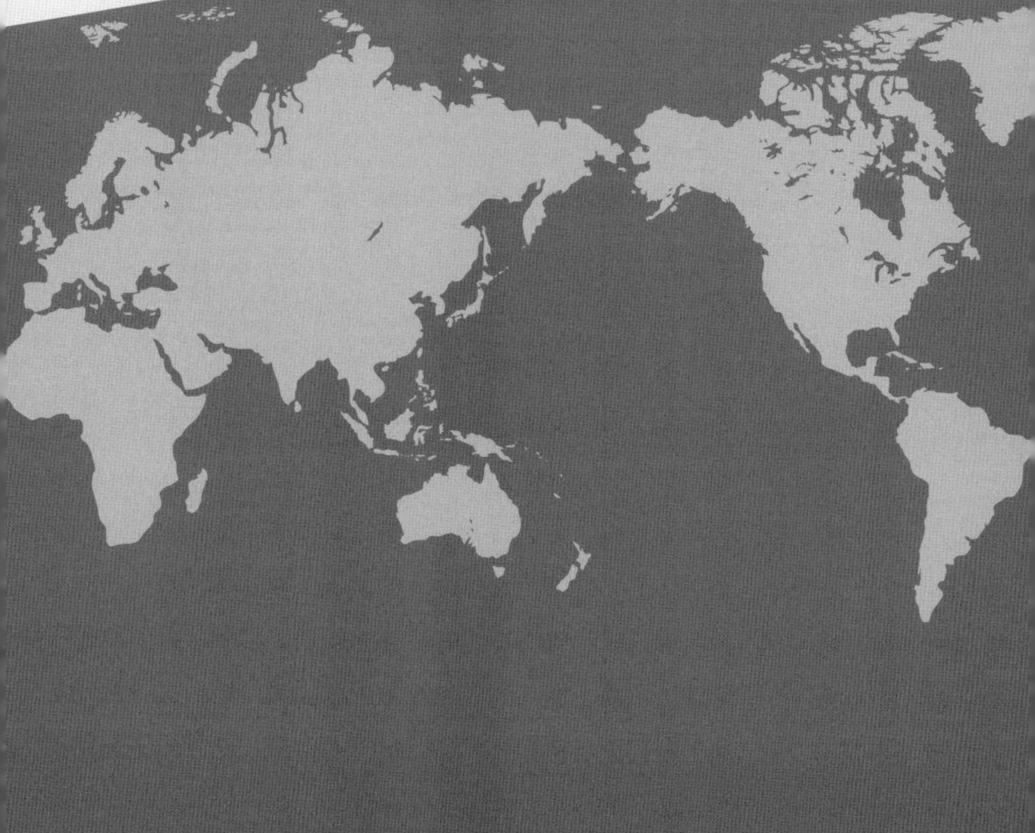

Number

39

世界遺產①

完整展現羅馬生活的龐貝遺跡之謎

世界史關鍵字

龐貝、羅馬帝國

地理關鍵字

變動帶、穩定地區、板塊交界、造山運動、火山前緣

了解羅馬生活的寶貴遺產

在義大利南部大城拿坡里附近，有世界知名的**龐貝遺跡**。龐貝在**羅馬帝國**時期是個繁榮發展的海濱商業城市，但西元七九年時維蘇威火山噴發，導致整座城市被火山灰埋沒。

由於噴發來得非常突然，**羅馬城市某一日的生活情景，就像時間凍結般留存，成為珍貴的遺跡**，碳化的麵包、酒館菜單等物件也都保留下來。而龐貝街上隨處可見大量色彩鮮豔的馬賽克畫，同樣也名聞遐邇。

義大利和希臘好發火山、地震

讓我們看一看這座在噴發後掩埋了龐貝的火山。

目前**歐洲主要的活火山全都聚集在義大利**、**希臘和冰島**，其中由於冰島火山的成因不同，因此暫時不論。如此一來便會發現，活火山全都集中於義大利半島、希臘等南歐的地中海沿岸地區。

高中地理會學到大陸、海洋、大規模山脈等地貌類型。此時也會學到地球的地貌可分成有巨大山脈、斷層、火山的**變動帶**，以及地震、火山活動不活躍的**穩定地區**。創造出這些變動帶的就是**板塊邊界**。

地球表面共分成十幾個板塊，且會緩慢移動，板塊上的大陸也會隨之移動，這就是所謂的「大陸漂移學說」。

在板塊邊界上，板塊會彼此分離或撞擊。當板塊相互靠近並碰撞，其邊界上就會形成大型山脈，這種造山作用稱為「**造山運動**」。

火山連綿的火山前緣

在變動帶上，經常會形成火山成排相連的**火山前緣**。板塊彼此衝撞後，其中一塊會鑽到另一塊下方，引發各式各樣的變化，例如板塊變形或引發地震等，其中一項變化就是會形成火山。日本群島也屬於板塊邊界的變動帶，在火山前緣有大量火山，並頻繁發生地震。

地中海也有非洲板塊和歐亞板塊的邊界，並在邊界附近形成了火山前緣（地中海火山帶）。就是其中一座——維蘇威火山——在噴發之後掩埋了龐貝城。

非洲板塊也跟位於愛琴海附近的板塊，以及現今土耳其共和國附近的板塊碰撞而形成了火山。該處是地震好發地區，包括義大利、希臘、土耳其等地都經常發生地震。二〇二三年二月，在土耳其和敘利亞國界附近就曾發生一場大地震。

鎌原村——有如日本龐貝城

前面已經說明，位於板塊交界上的變動帶會形成火山前緣，成為地震好發地帶。既然如此，那麼**在日本這樣一個具代表性的變動帶上，就算有類似龐貝的地方，好像也不奇怪**。

事實上，日本確實也有一個被火山灰掩埋的村子。一七八三年淺間山火山爆發，人稱「天明大噴發」，群馬縣的鎌原村因而遭到掩埋。據傳噴發時的爆炸聲遠至京都都能聽見，鎌原村全村遭到埋沒，死者逾四百五十人。

就跟龐貝一樣，鎌原村也像是時間突然喊停般，完整留下了江戶時代的生活情形和遺址，如今已經成為寶貴的歷史遺產。

火山雖會帶來巨大的災害，有時也會成為觀光名勝。維蘇威火山在後世變成了義大利極具代表性的觀光勝地，建設了可供往返山頂的登山纜車（已於一九五一年拆除），更以宣傳曲〈登山纜車〉（Funiculì, Funiculà）廣為人知。

在日本淺間山附近，同樣有「鬼押出園」等眾多相關觀光景點。

變動帶的分布

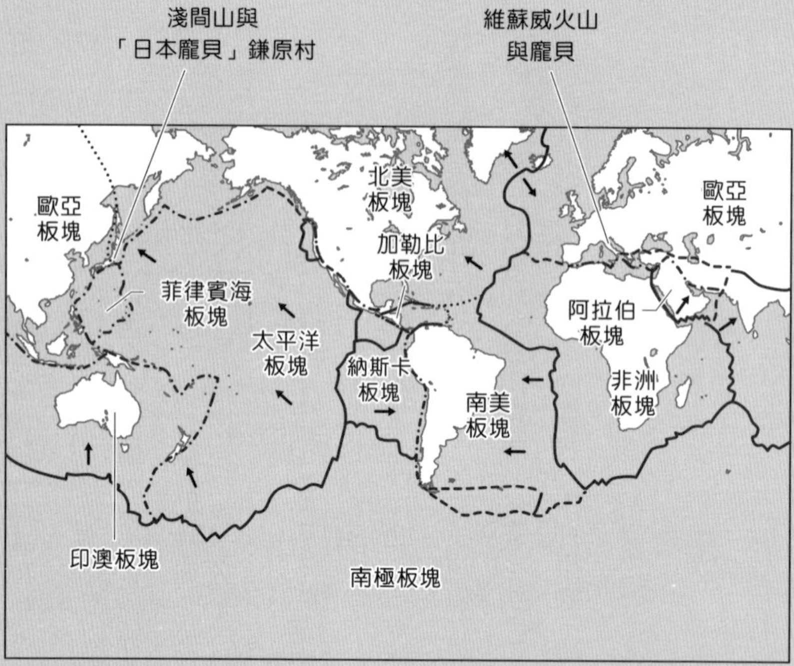

擴張性板塊邊界　聚合性板塊邊界　錯動性板塊邊界　不明確的邊界

板塊的邊界會形成變動帶，
在板塊彼此撞擊的聚合性板塊邊界一帶，
會成為地震、火山好發地帶。

Number

40

世界遺產②

為何威尼斯每年淹水？

世界史關鍵字

威尼斯、日耳曼人大遷徙

地理關鍵字

沙洲、高潮

「高水位」將美麗的城市浸於水中

威尼斯是一座非常美麗的海上城市，它同時也被列為世界遺產，是義大利數一數二的熱門觀光勝地。威尼斯在中世紀時因發展海運日漸繁榮，被譽為「亞得里亞海的明珠」。

這座城市每年都會舉辦海洋婚禮活動，祈求繁華盛景能恆久延續。但既然是跟海洋有密切關連，號稱「跟海洋結為連理」的城市，自然也就面對海洋會帶來的嚴重問題——

每到冬季，威尼斯就會發生稱為「高水位」（acqua alta）的異常潮位，海水會湧入城市內部導致淹水。歷年來，威尼斯每年有至少十次或以上的淹水頻率。

威尼斯的地形適於防禦和貿易

威尼斯開始有人居住，可追溯到西元五世紀的時期。中世紀初期，北義大利因**日耳曼人大遷徙**、民族抗爭等事態而陷入混亂。正當此時，手足無措的人們留意到了威尼斯的潟湖。

威尼斯的潟湖位於亞得里亞海沿岸流所形成的巨大**沙洲**內側，濕地區域雖然不好立足，卻能擋住洶湧大浪，還算是能供民眾居住的地區。逃向此處的眾人，逐漸發展出了城市。

鮮少有外敵會闖進位處偏遠的威尼斯潟湖，就算敵人真的搭船靠近，只要拿掉船隻通道的指示標誌，敵船就會在遍地淺灘的海域中擱淺而寸步難行。威尼斯充分運用地利發展海上貿易，逐步建構出美麗的城鎮。

一體兩面：能有效防禦，也有淹水風險

由於選擇低濕地帶本來就是為了躲避外敵，淹水因而成了伴隨而來的缺點。

從中世紀開始，威尼斯歷史上就頻頻出現高水位的紀錄。近年則是在二〇一九年發生了劇烈的高水位，令超過七成的市鎮泡在水中。

當巨大潮差、風向等種種條件剛好湊齊，就會出現這種現象，且特色是多在冬季發生。

從氣候角度解析高水位的機制

為什麼冬天會發生高水位呢？正如同下頁圖解所示，**從低緯度往高緯度，低壓帶、高壓帶、低壓帶、高壓帶就如斑紋般分布**。

地表上根據所能接收到的太陽能量及空氣對流關係的不同，會形成容易發生上升氣流的低壓帶，以及容易發生下沉氣流的高壓帶。

接著進一步探討它們的季節性變化。地球會花一年時間繞行太陽一圈，由於地球的自轉軸傾斜，陽光會在北半球的夏季直射北半球，南半球的夏季直射南半球。

這也會使得前面提過的低壓帶和高壓帶，隨著季節南北移動。且讓我們聚焦於包含威尼斯在內的地中海周邊地區。**前述的高低壓帶季節變化，正巧會使地中海一**

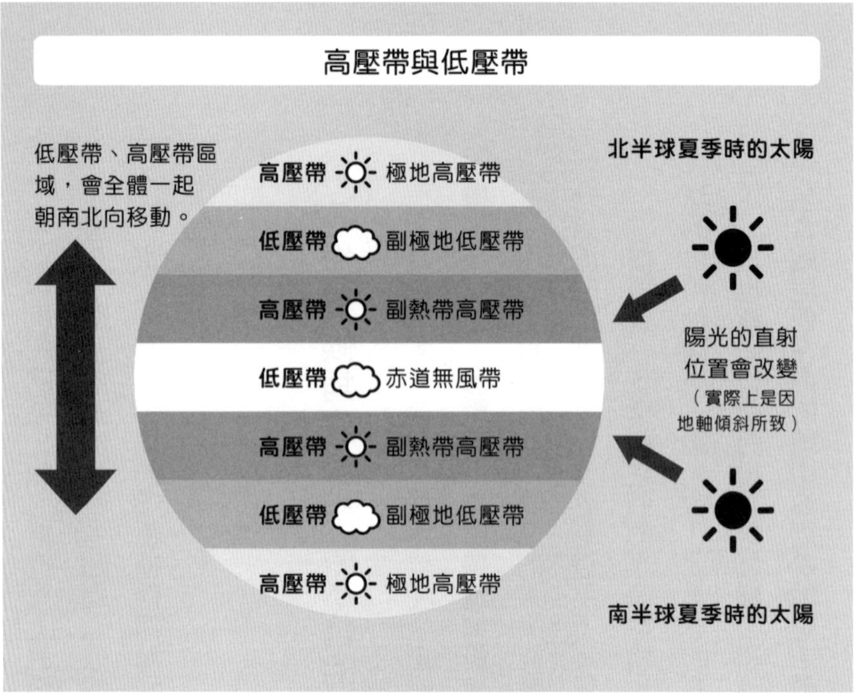

帶在夏季時處於高壓帶、在冬季時處於低壓帶。

高壓帶便是高氣壓，也就是不容易降雨的區域；低壓帶則是低氣壓，也就是容易降雨的區域。此種區域性的移動，造就出夏季無雨、冬季多雨的地中海型氣候。

威尼斯四面環海，比地中海型氣候更濕，因此歸類為夏雨型暖溫帶氣候。

高水位是低氣壓所導致的高潮

正是這種冬季時處於低壓帶的特徵催生了高水位，導致威尼斯的淹水問題。**所謂低氣壓，就是按壓著海面的大氣壓力較弱，因此海面會上升**。反之若是高氣壓，按壓海面的大氣壓力較強，海面則會下降。這種因低氣壓造成海面上升的現象稱為「**高潮**」。

此時若再外加吹拂強烈南風、海水從亞得里亞海深處湧來等種種條件，威尼斯就會發生高水位。

減輕高水位的大型計畫

目前義大利已經針對高水位問題投入龐大經費，推動名為「摩西計畫」的水閘建設計畫，欲設置防洪閘門來堵住威尼斯潟湖的入口，藉以減輕高水位的侵擾。這座防洪閘門在二〇二〇年試營運，並預計在二〇二三年正式運作。

發生於威尼斯的高潮

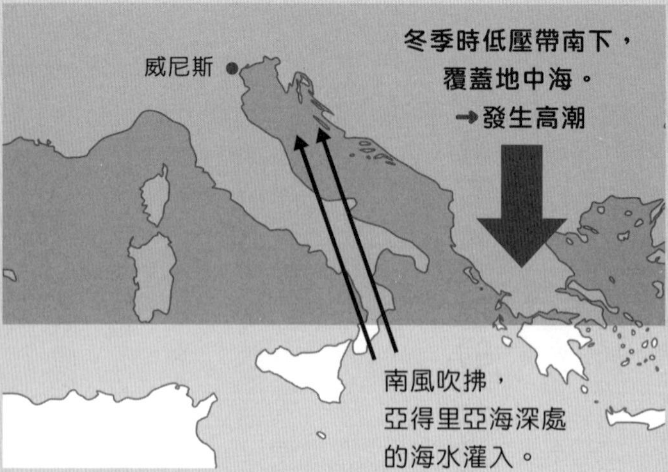
威尼斯
冬季時低壓帶南下，
覆蓋地中海。
➜發生高潮
南風吹拂，
亞得里亞海深處
的海水灌入。

威尼斯的潟湖與摩西計畫

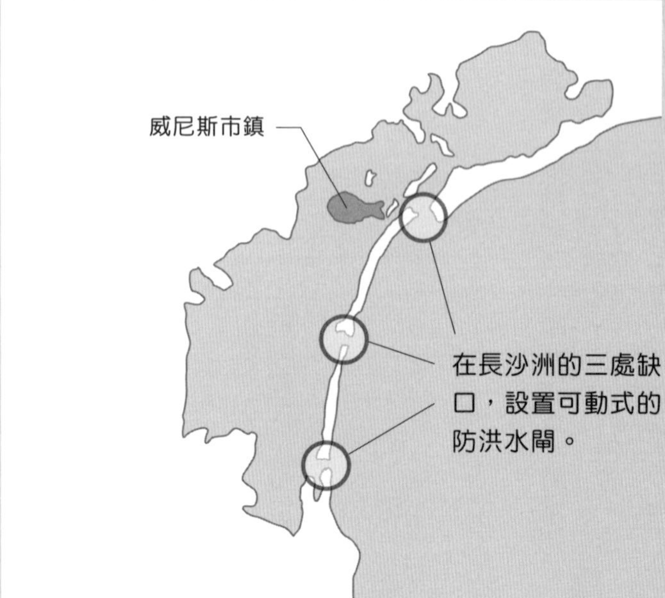
威尼斯市鎮
在長沙洲的三處缺
口，設置可動式的
防洪水閘。

Number

41

世界遺產③

納斯卡線為何兩千年來都沒有消失？

世界史關鍵字

納斯卡線、印加帝國

地理關鍵字

沿海沙漠

納斯卡線其實畫得很輕

納斯卡線是祕魯具代表性的世界遺產，在大地上留有幾何學圖案、動物形狀等一千多幅繪畫。這些圖案的描繪目的至今未解，是古代史中叫人著迷的一大謎團。

納斯卡線的創造年代距今約兩千年前（各派的推估年代有巨大落差）。從空中俯瞰，納斯卡線的繪畫尺寸小則直徑數公尺，大一點的可達三百公尺。

當大家聽到它的繪畫規模如此龐大，而且長達兩千年都沒有消失，想必會覺得一定是深挖了溝渠、畫得很深才對。不過，這些地上繪畫的畫法卻輕得驚人。

納斯卡線的創造方式僅是拿開地表的石頭，**露出下方地面，或頂多挖個深約十公分的溝槽就收工，實在很難想像有辦法長期保存達兩千年。**

納斯卡線長久留存的原因在氣候

為何納斯卡線能夠原封不動保留至今呢？那是因為，**納斯卡位處安地斯山脈西側，據信是世上數一數二不下雨的地區**。由於幾乎無雨，地表的小石頭不會被沖走，淺淺的溝渠也不會消失。

之所以不下雨，是受到祕魯沿岸洋流的作用影響。洋流發生的主因是西風、信風等地球上大型風的循環。在太平洋的低緯度區域，在赤道附近受到加熱的海水被信風由東帶向西，並於碰撞到亞洲、澳洲等處的陸地後分成南北兩流。

接著海水一邊逐步冷卻，換成被西風由西吹向東，在碰撞到南北美大陸後，又在赤道附近匯集。

祕魯附近是沿海沙漠

前面已經談到，中緯度的大陸東岸有暖流通過，大陸西岸則有**寒流**通過。暖流通過意味著溫暖的海洋會提供豐富的水蒸氣，產生上升氣流後形成雲朵，引發大量降雨。

反過來說，**寒流通過則意味著冰冷海水會自高緯度流入，因此海面附近的溫度會比高空還要低，不會產生上升氣流，自然就不會形成雲朵，更不會降雨**。在這種海岸附近形成的沙漠稱為**沿海沙漠**，在祕魯沿岸、非洲西岸等處都能見到。

基於上述的氣候特性，不難看出**印加帝國**等安地斯山脈的古文明為何大都位於高地或坡地上。

馬丘比丘、庫斯科等處都在山溝高地斜坡上有田地，讓人覺得竟然選在這種很不方便的高地斜坡上種田。但這是因為坡地較能等到降雨——選擇會有風碰撞的山溝，才可能產生上升氣流而後降雨。

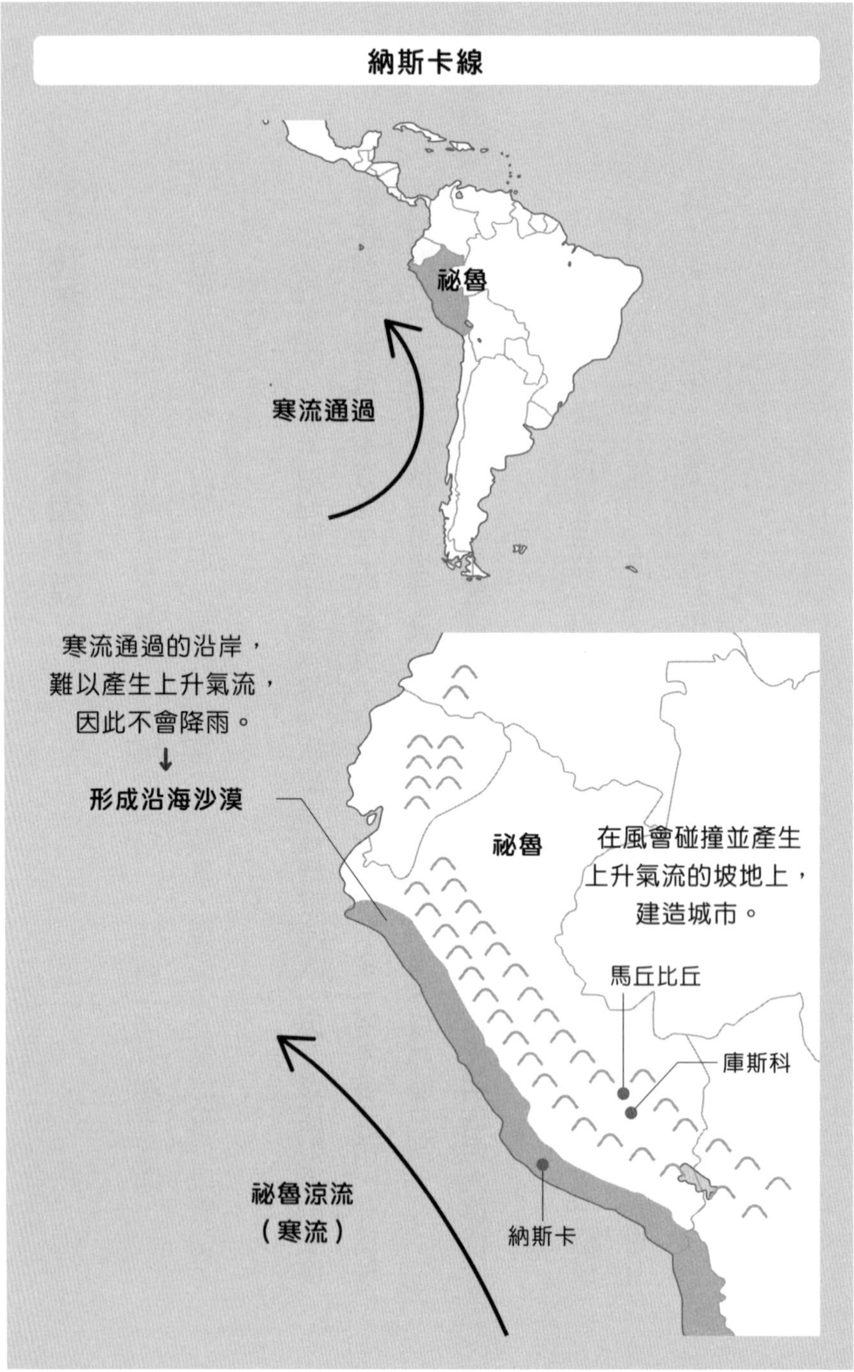
納斯卡線
祕魯
寒流通過
寒流通過的沿岸，
難以產生上升氣流，
因此不會降雨。
↓
形成沿海沙漠
祕魯
在風會碰撞並產生
上升氣流的坡地上，
建造城市。
馬丘比丘
庫斯科
祕魯涼流
（寒流）
納斯卡

Number

42

世界遺產④

絲路的綠洲城市為何都是一字排開？

世界史關鍵字

絲路

地理關鍵字

塔里木盆地、塔克拉瑪干沙漠、內陸沙漠、上升氣流

聯繫「死亡世界」的綠洲城市

絲路自古就是連結中國和歐洲的重要貿易路線，數不清的人們在其上交會來去，寫下了形形色色的歷史。

現今中華人民共和國西側的**塔里木盆地**是絲路上的巨大盆地，之中有著壯闊的**塔克拉瑪干沙漠**。塔克拉瑪干沙漠的語源眾說紛紜，一說它來自維吾爾語，具有「無法活著離開」、「死亡世界」等意涵。**塔克拉瑪干沙漠位於歐亞大陸極內陸，距海遙遠，因此水蒸氣供應相當稀少，是具代表性的內陸沙漠**。

雖然這個沙漠讓人無法活著離開，絲路上往來的商人卻藉綠洲城市串連出一條貿易路線，藉此橫越沙漠。

試著觀察地圖，會發現綠洲城市沿著山邊整齊地排成一列。在塔里木盆地的南北兩側，從當時就有著串起成排綠洲城市的商業道路，人稱「西域北道」或是「西域南道」。

那麼，為何綠洲城市並未散布於沙漠正中央，而是在山麓處一字排開呢？

有高低差的地方才會下雨

這個問題的答案就是降雨。下雨的原因有好幾種，但要下雨就需要雲，**能夠形成雲，就代表該處有上升氣流**。一團空氣往上升，空氣冷卻（就像冰過的杯子周圍附著水滴那般）後產生水滴和冰粒，就形成了雲朵。

塔克拉瑪干沙漠位於大陸內陸，水蒸氣來源極少，幾乎不會下雨。但即使如此，有的地方仍有機會降下些許雨水——那也就是盆地邊緣處。**當風吹至這個地區，盆地邊緣任一處受風後，風順著斜坡往上時就會產生上升氣流**。

因此，在塔里木盆地的邊緣會產生微乎其微的降雨，這些雨水和融雪水則會流至綠洲。

現今已有沙漠縱貫公路

直到今天，塔克拉瑪干沙漠的主要通道，仍是那兩條連接起綠洲城市的東西向道路。此外，南北向貫穿塔克拉瑪干沙漠的「塔克拉瑪干沙漠公路」也已完工。會在塔克拉瑪干沙漠這塊不毛之地建造縱貫公路，其實是為了開採石油。在塔克拉瑪干沙漠中心地底六千至九千公尺的超級深處，有中國最大規模的油田和天然氣田。

為此，中國自一九九三年開始興建沙漠縱貫公路，一九九五年完成第一條，二〇〇七年完成第二條。從照片上亦可看出，在遼闊沙漠的正中央有著巨大的油田。

絲路串起成排綠洲城市

絲路的主要陸上貿易路線

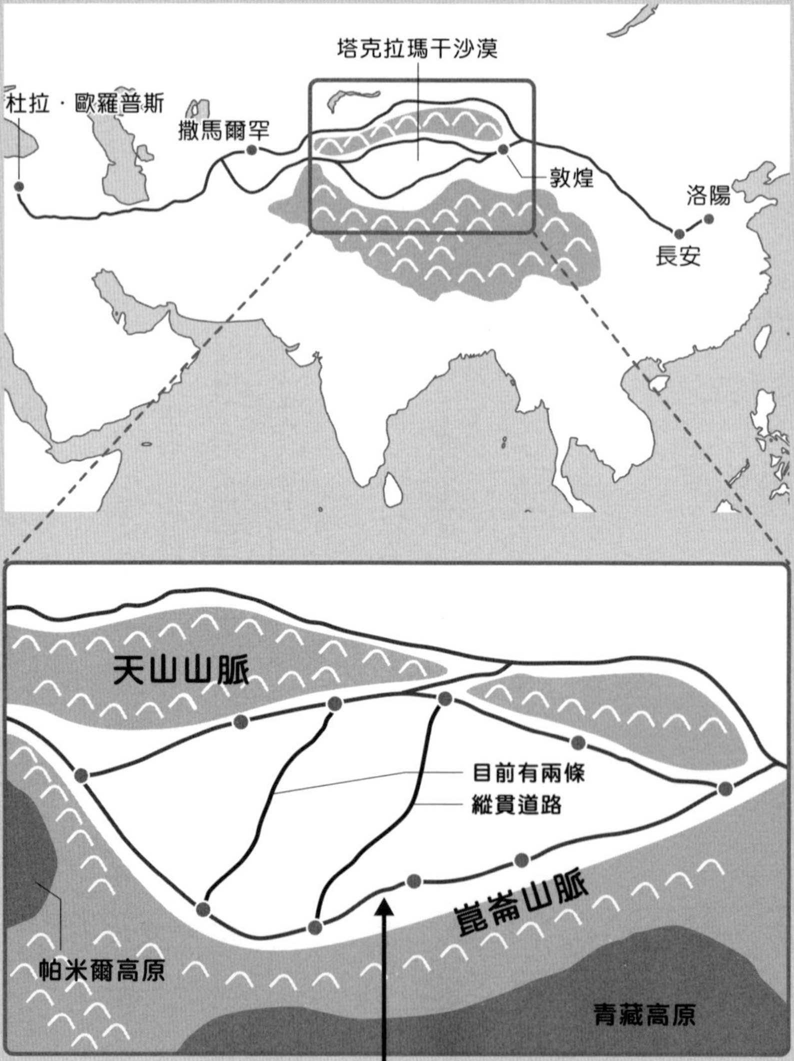

風吹拂時碰撞山地，產生上升氣流後降雨。
→在塔克拉瑪干沙漠外圍形成一串綠洲城市。

Number

43

世界遺產⑤

廷巴克圖並非大量淘金才叫「黃金之都」！

世界史關鍵字

廷巴克圖

地理關鍵字

商隊（caravan）、乾河床

據傳「黃金之城」在撒哈拉沙漠深處

就如同南美內陸的黃金國那般，位在非洲沙漠深處的黃金之都，同樣也令歐洲人嚮往不已——它就是現今非洲撒哈拉沙漠國家馬利共和國的城市，**廷巴克圖**。

約從十四世紀至十六世紀初葉，廷巴克圖因扮演沙漠中的貿易城市而蓬勃發展，城市裡建有許多樣式獨特的建築物，如今已被列為世界遺產。

這座城市之所以被稱為「黃金之都」，比起可在附近挖到金礦（確實是能採到一些金礦），更大的因素其實在於所在地這項地理條件。

沙漠商隊將乾河床當成貿易路線

廷巴克圖位於一個極佳的中點位置，北方有沙漠**商隊**來訪，南方則有非洲中西部產物匯聚。

在尚未發明ＧＰＳ等工具的過去，沙漠商隊要如何橫越沙漠前往廷巴克圖呢？在遼闊的沙漠中胡亂前進，自然是行不通的。這類商隊都會將沙漠中乾涸的**乾河床**當成行進時的指標。

即使是在沙漠中，極少數時候還是會降雨。在沙漠中下雨時，特徵是會大量且一口氣降下。此時落下的雨會形成濁流，只有在這個時刻，河川才會出現。

不過由於平時並不會降雨，河川便只留下河床的痕跡。這條**沒下雨時的乾河床就如道路般延伸，因而被人們拿來當成貿易路線使用**。

西非產物齊聚廷巴克圖

仔細觀察撒哈拉沙漠一帶的地圖，會發現沙漠中有大量的乾河床。尤其在阿爾及利亞南部，塔哈特山外圍的阿哈加爾高原附近，延伸出許許多多的乾河床。

在沙漠中降雨時，當風吹向有高低差的地點，就容易產生上升氣流。因此撒哈拉沙漠中容易下雨之處，便是阿哈加爾高原一帶。

要從歐洲前往廷巴克圖，必須從突尼西亞至阿爾及利亞附近的地區登陸，**沿著乾河床往高原前進，接著再沿著乾河床自高原下山，就能抵達廷巴克圖附近的尼日河流域**。

另一方面在廷巴克圖的南方，則是撒哈拉沙漠以南的西非地區，有各家商隊所渴求的豐富物資。

舉例而言，迦納和布吉納法索可產出大量黃金，至今仍是全球金礦產量第十一名和第十二名的國家。現今象牙海岸這個國名的由來，正是因為其象牙產量高到足以稱為「Ivory Coast」。而在當時，這塊地方也曾是奴隸市場的供貨源頭。

金礦、象牙、奴隸等物資就這樣匯聚於廷巴克圖，並用來交換各家商隊所運來的伊斯蘭及歐洲產物。

「黃金之都」廷巴克圖與商隊路線

Number

44

世界遺產⑥

為何義大利附近有迷你三小國？

世界史關鍵字

義大利統一戰爭、薩丁尼亞王國、聖馬利諾、摩納哥、梵蒂岡城國、羅馬教宗、墨索里尼、拉特朗條約

地理關鍵字

領土、領海、經濟海域、共和國、君主國

資源豐富、面積遼闊的國家

在小學和中學學習地理學科時的第一步，常會著重於**領土**面積較大的國家，以及人口較多的國家。

將全球所有國家按領土面積排序，最大者依序為俄羅斯、加拿大、美國、中國、巴西和澳洲。國土廣大的國家擁有豐富資源與遼闊農地，能給全球經濟帶來大幅影響。

日本的領土面積排全球第六十一名。不過島國的特徵就是被海包圍，若把包含**領海**和**經濟海域**在內的管轄海域也算入，日本的領土面積就會是全球第六名。

小面積的國家排名

相反地，面積最小的國家則是梵蒂岡城國。它位於義大利羅馬的核心地帶，面積約〇．四四平方公里，跟東京迪士尼樂園差不多大。

面積最小的國家排名，繼梵蒂岡城國之後，第二名是摩納哥，第三名是諾魯、第四名是吐瓦魯、第五名是聖馬利諾。

諾魯和吐瓦魯都是太平洋上的島國，可以理解其面積有限，但梵蒂岡、摩納哥、聖馬利諾卻都位於歐陸上。

這些國家過去有過怎樣的歷史沿革呢？

聖馬利諾：身段靈活求生存

梵蒂岡、摩納哥和聖馬利諾這三個國家不在義大利領土內，就是離義大利非常近。這三個迷你國家之所以成形，都跟義大利的歷史——尤其是「**義大利統一戰爭**」有極大關連。

義大利統一戰爭約發生於十九世紀中葉，當時義大利半島遭到眾多勢力瓜分，位於西北部的**薩丁尼亞王國**於是發起戰爭尋求統一。

聖馬利諾被譽為全球最古老的**共和國**，這是個從四世紀一路延續至今的城市國家。它在波濤洶湧的歐洲歷史中靈巧周旋（就算有過擴張領土的機會，也刻意避免，選擇保持小國的狀態），一路維持獨立。

在義大利統一戰爭之際，聖馬利諾同樣對薩丁尼亞展現協助態度，庇護了遭奧地利追殺的統一運動領導者加里波底，並派遣志願軍協助。在義大利統一後，聖馬利諾的獨立地位因而受到認可。

小國的資源不多，本就不容易被其他國家和勢力盯上，而聖馬利諾這個迷你國家更是活用了自身斷垣殘壁偏多的地形，以及小國獨有的靈活身段，成功維持了獨立狀態。

摩納哥：將百分之九十五國土賣予法國以維持獨立

摩納哥自十三世紀延續至今，是由君主摩納哥親王所統治的**君主國**。摩納哥雖曾受到各種國家的影響和控制，仍舊一路維持著獨立狀態，不過後來卻在法國大革命中遭革命軍占領，而被納入法國領土。

拿破崙戰爭結束後，摩納哥在十九世紀初召開的維也納會議上，被讓渡給與法國革命軍對戰的薩丁尼亞王國。

接著，義大利統一戰爭開打。薩丁尼亞王國為了統一所需的軍事支援，決定向法國借力，並將包含摩納哥在內的地區讓予法國。不過，當時摩納哥親王所統治的芒通（Menton）和侯克布韻馬丁角（Roquebrune-Cap-Martin）這兩個地區，紛紛因厭倦繳交稅賦而發出獨立宣言，局勢一度緊張。

於是，摩納哥親王決定將這兩個地區賣給法國，由法國直接統治，藉此交換法國保證摩納哥的獨立地位。**當時賣出兩地區的面積，意外高達摩納哥領土的百分之九十五。最終，摩納哥成為僅剩百分之五面積的迷你國家，且被法國完全包圍，就此轉型為全球第二小的獨立國家。**

跟羅馬教宗和解後站穩腳步——全球最小的國家

全球最小國家**梵蒂岡城國**，源於天主教領袖**羅馬教宗**所支配的領土，換句話說，此處曾經是教宗國的領土。教宗國在十九世紀中期曾擁有廣達義大利中部的遼闊領土，是義大利半島上各派勢力的其中一支。正當此時，薩丁尼亞王國便主導發起了義大利統一戰爭。

在該場戰爭中，教宗國的領土遭併入薩丁尼亞，僅剩原本的一部分。統一大業完成後，義大利王國將教宗國領土完全併吞。**被奪走教宗國領土的羅馬教宗於是退居至梵蒂岡宮中，與義大利王國形成敵對關係，世稱「梵蒂岡之囚」**。

梵蒂岡跟義大利一路對峙至二十世紀初葉，也就是獨裁者**墨索里尼**在義大利推行法西斯主義的時代。墨索里尼與羅馬教宗簽訂**《拉特朗條約》**，**承認梵蒂岡宮周圍土地為一小型獨立國家，雙方才達成和解**。

有大量天主教徒的義大利國民相當讚賞這番和解，墨索里尼也因而為自身的獨裁博得高度支持。

目前，聖馬利諾和梵蒂岡皆已列入世界遺產，麻雀雖小，仍然吸引大批觀光客蜂擁而至。聖馬利諾藉靈巧身段明哲保身，摩納哥將幾乎所有領土都賣給法國以保持獨立，梵蒂岡在一度被義大利併吞後復活——這三段面貌各異的發展史都跟義大利統一戰爭頗有淵源，也都一路延續至今。

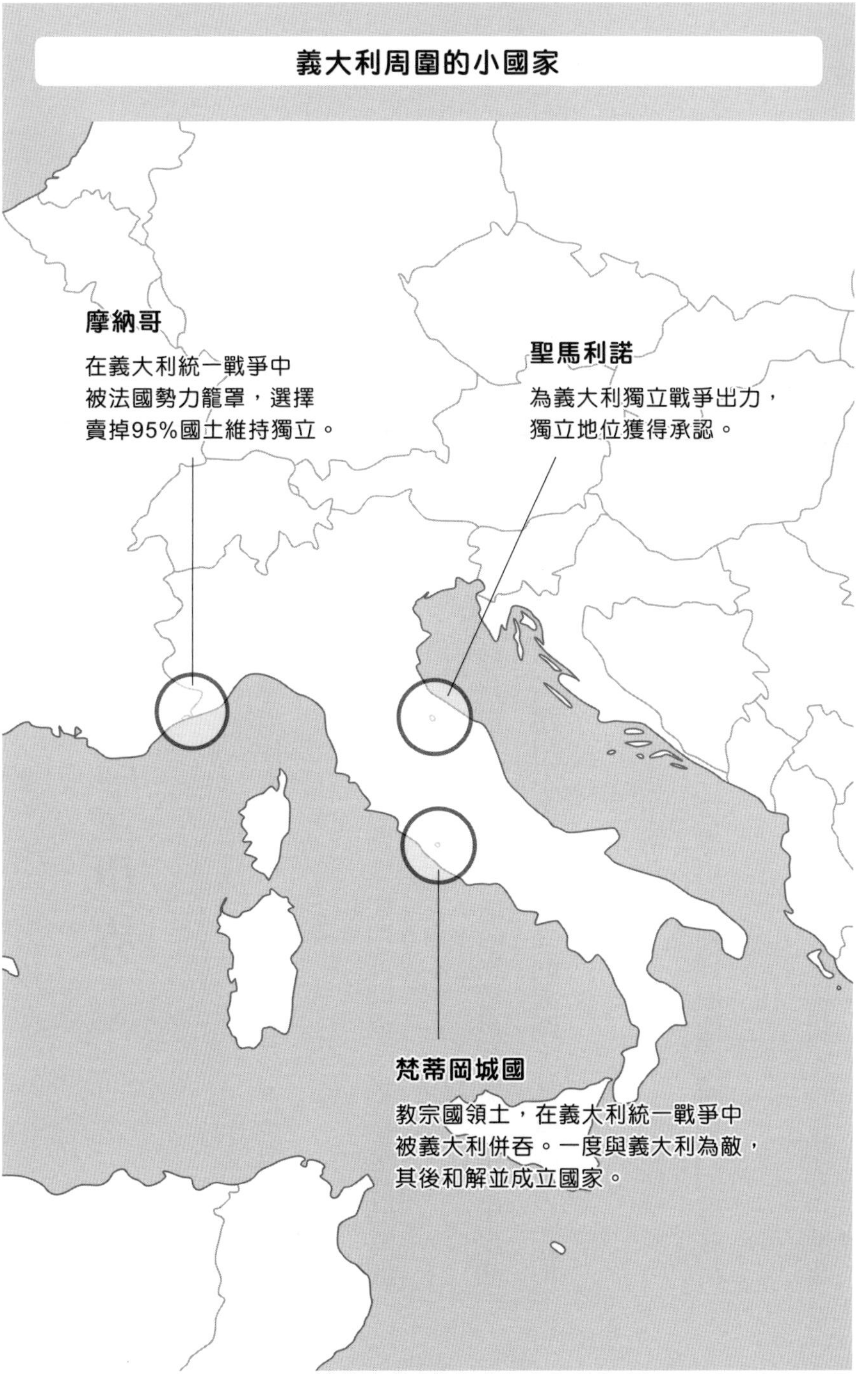
義大利周圍的小國家
摩納哥
在義大利統一戰爭中
被法國勢力籠罩，選擇
賣掉95%國土維持獨立。
聖馬利諾
為義大利獨立戰爭出力，
獨立地位獲得承認。
梵蒂岡城國
教宗國領土，在義大利統一戰爭中
被義大利併吞。一度與義大利為敵，
其後和解並成立國家。

結語

四十四個為什麼，了解全世界！

在電視、報章網路上觀看新聞報導或接觸異文化時，我們的心中常會出於好奇而湧現許多個為什麼。

能解開這些為什麼的答案，大多同時具備著歷史與地理因素，也就是有其時間與空間背景。

本書便是聚焦於這許許多多個為什麼，試圖從多元觀點予以解析。在日常生活中碰見各種疑問時，希望大家也能靈活運用本書所介紹到的觀點，試著從歷史和地理這兩個層面切入思考。

這樣一來，大家必定能獲得大量的新知識和新發現。在大家眼中，這個世界也將變得更加意趣深遠。本書挑選並介紹了能從世界史、地理層面同時剖析的眾多切入點。

不過單就一本書，其實無法網羅到世界史和地理的所有項目。本書頂多只能算是世界史和地理的一塊敲門磚。

我期待大家都能因此體會到世界史跟地理的趣味所在，並培養出將點化為線和面的內在涵養。

二〇二三年十一月

山崎圭一

參考文獻

※保留原文參考文獻，供讀者方便查找。

■論文

「17・18世紀ヨーロッパの人口史的背景とイングランドの人口成長」原剛、城西大学大学院研究年報6号、1991年

「ロレーヌ地域における産業転換過程—鉄鋼業地域を中心に—」小田宏信、筑波大学人文地理学研究27、2003年

「ヨーロッパ史におけるアルザス＝ロレーヌ／エルザス＝ロートリンゲン地域問題：地域・言語・国民意識」石坂昭雄、札幌大学総合研究4号、2013年

「ペルー、インカ文明の経済基盤となった神秘のアンデネス（段々畑）」馬場範雪、ARDEC 53号、2015年

「15世紀末のインド洋における交易関係」後藤伸、神奈川大学国際経営論集29巻、2005年

「ポーランド側からみたカリーニングラード」田口雅弘、ロシア・ユーラシアの経済と社会1042号、2019年

「ジャガイモ疫病研究—過去と現在の概観—」秋野聖之・竹本大吾・保坂和良、日本植物病理学会報80号、2014年

「トリニダードにおけるインド系住民の合意」北原靖明、パブリック・ヒストリー4号、2007年
「日本語が公用語として定められている世界唯一の憲法：パラオ共和国アンガウル州憲法」ダニエル＝ロング・今村圭介、人文学報503号、2015年
「ペスト菌の病原性：細菌学的・分子生物学的性状」和気朗、日本細菌学雑誌50巻3号、1995年
「ポーランドの金属鉱物資源」平野英雄、地質ニュース530号、1998年
「宋代の鐵について」吉田光邦、東洋史研究24巻4号、1966年
「熱帯の茶の栽培について」杉井四郎、熱帯農業16巻4号、1973年
「【中国】黒土保護法の制定」湯野基生、外国の立法293-1、2022年
「中国における石炭産業の構造変化と制度設計」孟健軍、RIETI Discussion Paper Series 16、2016年
「中国における「方言」—境界と越境—」岩田礼、言語文化の越境、接触による変容と普遍性に関する比較研究1、2017年
「物価と景気変動に関する歴史的考察」北村行伸、金融研究21巻3号、2002年
「南アジア緊張の火種・カシミール問題を考える」武藤友治、RIM環太平洋ビジネス情報No.42、1998年

■教科書、資料集

『世界史探究 詳説世界史』木村靖二他（山川出版社）

『世界史探究』福井憲彦他（東京書籍）
『新詳地理探究』矢ケ崎典隆他（帝国書院）
『地理探究』手塚章他（二宮書店）
『アカデミア世界史時代と地域の羅針盤』（浜島書店）
『最新世界史図説 タペストリー 二十一訂版』（帝国書院）
『グローバル ワイド最新世界史図表 四訂版』（第一学習社）
『新詳地理資料 COMPLETE 2023』（帝国書院）
『新詳資料 地理の研究』（帝国書院）
『新編 地理資料』（東京法令出版）
『データブック・オブ・ザ・ワールド 2023』（二宮書店）
『新詳高等地図』（帝国書院）

■書籍

『土 地球最後のナゾ』藤井一至（光文社新書）2018年
『言語世界地図』町田健（新潮新書）2008年
『地図で見るオセアニアハンドブック』ファブリス＝アルグネス他（原書房）2023年

『リガ条約』安井教浩（群像社）2017年
『コモンウェルスとは何か』山本正・細川道久（ミネルヴァ書房）2014年
『地殻の進化』平朝彦他（岩波書店）2011年
『地球内部ダイナミクス』鳥海光弘他（岩波書店）2011年
『マゼラン　最初の世界一周航海』長南実訳（岩波文庫）2011年
『ヴァスコ・ダ・ガマ』生田滋（原書房）1992年
『図説世界史を変えた50の植物』ビル＝ローズ（原書房）2012年
『地理学と歴史学〜分断への架け橋〜』アラン＝ベイカー（原書房）2009年
『壊血病とビタミンCの歴史』ケニス＝J＝カーペンター（北海道大学出版会）1998年
『地球を「売り物」にする人たち』マッケンジー＝ファンク（ダイヤモンド社）2016年
『エネルギーをめぐる旅』古舘恒介（英治出版）2021年
『黄金郷（エルドラド）伝説』山田篤美（中公新書）2008年
『世界の今がわかる「地理」の本』井田仁康（三笠書房）2023年
『ダイヤモンド 欲望の世界史』玉木俊明（日経プレミアシリーズ）2020年
『世界がわかる地理学入門』水野一晴（ちくま新書）2018年
『海と船と人の博物史百科』佐藤快和（原書房）2000年
『物語オランダの歴史』桜田美津夫（中公新書）2017年

『経済は地理から学べ！』宮路秀作（ダイヤモンド社）2017年
『すべてがわかる世界遺産大事典〈上〉〈第2版〉』世界遺産検定事務局（世界遺産アカデミー）2020年
『すべてがわかる世界遺産大事典〈下〉〈第2版〉』世界遺産検定事務局（世界遺産アカデミー）2020年
『測る世界史』ピエロ＝マルティン（朝日新聞出版）2023年
『国マニア』吉田一郎（ちくま文庫）2010年
『「なぜ!?」からはじめる世界史』津野田興一（山川出版社）2022年

國家圖書館出版品預行編目資料

神級老師教你 10 倍速學習世界史和地理：讀懂 44 個全球氣候、產業和地緣政經事件 / 山崎圭一作；蕭辰倢譯. -- 初版. -- 臺北市：三采文化股份有限公司, 2025.06
面；　公分. -- (iTHINK；16)
ISBN 978-626-358-664-2(平裝)

1.CST：世界史 2.CST：世界地理

711　　114003850

suncolor 三采文化

iTHINK 16

神級老師教你 10 倍速學習世界史和地理：

讀懂 44 個全球氣候、產業和地緣政經事件

作者｜山崎圭一　插畫｜Isshiki　譯者｜蕭辰倢
編輯二部總編輯｜鄭微宣　專案主編｜李煒婷
美術主編｜藍秀婷　封面設計｜莊馥如　版權協理｜劉契妙
內頁排版｜陳佩君　校對｜黃薇霓

發行人｜張輝明　總編輯長｜曾雅青　發行所｜三采文化股份有限公司
地址｜台北市內湖區瑞光路 513 巷 33 號 8 樓
傳訊｜TEL:8797-1234　FAX:8797-1688　網址｜www.suncolor.com.tw
郵政劃撥｜帳號：14319060　戶名：三采文化股份有限公司
本版發行｜2025 年 6 月 6 日　定價｜NT$400

suncolor